大都市公共图书馆

Metropolitan Public Libraries

·国际经验与上海特色·

International Experience and Shanghai Characteristics

曲 蕴　王晓樱　施 雯　黄 吉　姚 馨　著

上海科学技术文献出版社
Shanghai Scientific and Technological Literature Press

图书在版编目（CIP）数据

大都市公共图书馆：国际经验与上海特色 / 曲蕴等著 . —上海：上海科学技术文献出版社，2022

ISBN 978-7-5439-8482-0

Ⅰ . ①大… Ⅱ . ①曲… Ⅲ . ①公共图书馆—图书馆事业 Ⅳ . ① G258.2

中国版本图书馆 CIP 数据核字 (2021) 第 228128 号

组稿编辑：朱文秋
责任编辑：李 莺 栾 鑫 刘蔓仪
封面设计：张琳洁

大都市公共图书馆：国际经验与上海特色
DADUSHI GONGGONG TUSHUGUAN: GUOJI JINGYAN YU SHANGHAI TESE
曲 蕴 王晓樱 施 雯 黄 吉 姚 馨 著
出版发行：上海科学技术文献出版社
地 址：上海市长乐路 746 号
邮政编码：200040
经 销：全国新华书店
印 刷：商务印书馆上海印刷有限公司
开 本：720mm×1000mm 1/16
印 张：13
字 数：174 000
版 次：2022 年 2 月第 1 版 2022 年 2 月第 1 次印刷
书 号：ISBN 978-7-5439-8482-0
定 价：68.00 元
http://www.sstlp.com

Foreword

序

2021年是“十四五”开局之年。“十四五”时期是我国全面建成小康社会、实现第一个百年奋斗目标之后，乘势而上开启全面建设社会主义现代化国家新征程、向第二个百年奋斗目标进军的第一个五年，也是上海在新的起点上全面深化“五个中心”和文化大都市建设、加快建设具有世界影响力的社会主义现代化国际大都市的关键五年。无论是中国共产党第十九届中央委员会第五次全体会议要求的“公共文化服务体系和文化产业体系更加健全，人民精神文化生活日益丰富，中华文化影响力进一步提升”，还是中国共产党上海市第十一届委员会第十次全体会议提出的“持续提升城市文化软实力，……文化大都市功能全面升级”等发展目标，都对城市公共图书馆等公益性文化事业提出了新的战略要求。

放眼全球，当今世界正在经历百年未有之大变局。未来几年，图书馆界将继续面临空前挑战，必须在挑战中寻求机遇、创新发展。近年来，包括中国在内的全球各大城市公共图书馆不断涌现出许多令人激动和兴奋的创新与转型实践。通过国际化视野，深入挖掘这些丰富多彩的实践经验，研究其中多元化且具有一定共性的发展规律和特点，并通过一系列效能角度的分析比较，吸取“他山之石”的先进理念，发现自身存在的差距与不足，探索弥补差距和打破“路径依赖”的可行方案，这对于今后我国的城市公共图书馆体系建设而言，将是十分必要且极有助益的。

为此，上海图书馆（上海科学技术情报研究所）（以下简称“上图上情所”）在编制“十四五”发展规划过程中，相当重视基于国际大都市公共图书馆系统开展针对性、系统性的前期调研。相关研究主要包括三个部分：一是全面调研纽约、伦敦、巴黎、东京等四大全球性城市的公共图书馆体系建设、资源建设、服务创新、管理模式、技术应用等各领域发展现状与趋势；二是探究公共图书馆的“北欧现象”，分析北欧各国公共图书馆的核心价值；三是基于国家、地区、城市三个层面，分别开展全球图书馆事业发展比较研究。作为上图上情所“十四五”发展规划编制工作的重要组成部分，该研究让我们更加坚定了研究型公共图书馆的战略定位，更加明确了对标赶超的目标，也让上海更加有信心实现全面建成世界级城市图书馆体系的愿景。因此，上图上情所在其“十四五”发展规划中明确提出，要在这个 5 年里“全面建成世界级城市图书馆，并初步建成与具有世界影响力的社会主义现代化国际大都市匹配的现代图情服务体系”。期间，伴随上图东馆全面建成开放，上图上情所将探索形成“$1+2+3+n$”馆舍布局，即一个综合性总馆、两个功能中心（东馆阅读文化中心和智库楼决策咨询中心）、三个特色主题分馆以及多个保障书库，有效提升图书馆各项功能，有力夯实研究型公共图书馆和综合性情报研究中心的定位，最大程度实现公共文化机构的社会价值。

新征程已经开启，同志们还需努力。

2021 年 6 月

Preface

前　　言

《大都市公共图书馆：国际经验与上海特色》一书是上图上情所“十四五”发展规划编制的阶段成果之一。全书共七章。第一章是全球图书馆事业发展比较研究；第二章至第五章分述纽约公共图书馆系统、伦敦公共图书馆系统、巴黎市立图书馆系统、东京都公共图书馆系统的历史现状与发展特点；第六章是北欧公共图书馆核心价值分析；第七章是上图上情所发展现状和创新案例。为了呈现高质量的研究成果，研究团队成员对各自负责的部分进行了细致调研与认真撰写。各章完成情况如下：第一章王晓樱；第二章曲蕴、王晓樱；第三章曲蕴、姚馨；第四章施雯；第五章黄吉；第六章曲蕴；第七章曲蕴、姚馨，本章部分内容来源于上图上情所相关业务部门，在此一并致以诚挚的感谢！

本书在撰写的过程中，得到了多位领导和专家的大力支持与帮助。全书初稿于 2021 年 5 月完成，感谢上海科学技术文献出版社的大力支持。

受智识与现实所限，本书难免有疏漏之处，敬望业界专家与广大读者批评指正。

著　者

2021 年 5 月

Contents

目　　录

第一章

全球图书馆事业发展比较研究

党的十七届六中全会提出了推动社会主义文化大发展大繁荣的决定，这将国家文化事业发展摆上了更高的台阶；2019年，习近平总书记在给国家图书馆老专家回信中提及图书馆是国家文化发展水平的重要标志，是滋养民族心灵、培育文化自信的重要场所；2021年全国两会通过的“十四五”规划和2035年远景目标要求发展社会主义先进文化，提升国家文化软实力，推进社会主义文化强国建设。近年来，各行各界纷纷投入到推动文化发展的战线中来，“十三五”期间，国家财政部累计投入1.83万亿元于公共文化领域，年均增长6.75%[1]；2018年《中华人民共和国公共图书馆法》实施，明确了公共图书馆的功能，进一步推动公共图书馆事业的科学发展；文化行业转型建设数字图书馆智慧图书馆、举办丰富多彩的读者活动、广泛建立县级文化馆图书馆总分馆制等，让公共图书馆更好地满足人民的精神文化需求。

在全国公共图书馆百花齐放百家争鸣的时代，仍要保持清醒的头脑，放眼全球，对标国际公共图书馆，了解我国公共图书馆、长三角公共图书馆体系和上海中心图书馆在全球间的位置，为未来公共图书馆事业发展提供思路与对策。

一 从 IFLA“世界图书馆地图”看中国图书馆事业发展

国际图书馆协会和机构联合会（International Federation of Library Association and Institutions，IFLA）于 2017 年发布了“世界图书馆地图”（Library Map of the World），解决了图书馆界想要准确收集并共享世界各国图书馆基本数据的这一迫切需求。迄今为止，共有 166 个国家和地区的 190 个机构参与到“世界图书馆地图”项目中。[2] IFLA 世界图书馆地图的数据大致勾勒出全球图书馆事业发展的现状和差距。通过全球公共图书馆基本数据（表 1－1、表 1－2）不难看出，亚洲的公共图书馆数量、注册读者数、到馆人次、图书和电子资源借阅量等项目的总量均居世界前列。而每百万人口指标上，亚洲则整体居中间位置，欧洲在公共图书馆数量、提供互联网的图书馆数量、全职员工人数等方面的数据均高于其他几大洲，同时在注册读者数、到馆人次、图书借阅量和电子资源借阅量方面，北美洲和大洋洲的每百万人口指标也相对较高。由此可见，亚洲在全球公共图书馆事业发展中呈现总量靠前，而人均中等偏下的态势。

表 1－1　全球公共图书馆基本情况表（总量）[3]

	公共图书馆数量	提供互联网的图书馆数量	全职员工人数	志愿者人数	注册读者数	到馆人次	图书借阅量	电子资源借阅量
	（个）	（个）	（人）	（人）	（万人）	（万人次）	（万次）	（万次）
非洲	4209	1926	10198	183	3.4	64.8	41.4	5.6
亚洲	229217	7166	119850	534297	177.4	1137.9	1592.4	357.5
欧洲	131263	74766	298658	161569	130.5	1446.3	2557.0	388.3
大洋洲	1970	1800	9700	—	11.4	150.1	200.6	2.2

（续表）

	公共图书馆数量	提供互联网的图书馆数量	全职员工人数	志愿者人数	注册读者数	到馆人次	图书借阅量	电子资源借阅量
	（个）	（个）	（人）	（人）	（万人）	（万人次）	（万次）	（万次）
北美洲	20647	16573	142093	1055	185.0	1517.0	2275.1	218.3
拉丁美洲和加勒比海地区	18149	6499	27496	514	38.8	24.4	29.6	1.0
全球总量	405455	108730	607995	697618	546.6	4340.5	6696.0	972.9

表 1-2　全球公共图书馆基本情况表(每百万人口数量)

	公共图书馆数量	提供互联网的图书馆数量	全职员工人数	志愿者人数	注册读者数	到馆人次	图书借阅量	电子资源借阅量
	（个）	（个）	（人）	（人）	（万人）	（万人次）	（万次）	（万次）
非洲	5.6	3.4	18.1	0.9	0.0096	0.17	0.15	0.034
亚洲	61.6	4.2	64.9	1837	0.079	0.52	0.84	0.24
欧洲	180.3	125.2	422.1	538.3	0.19	2.2	3.6	0.66
大洋洲	69.1	63.2	340.4	—	0.40	5.3	7.0	0.49
北美洲	57.7	51.5	397.2	29.3	0.52	4.2	6.4	0.68
拉丁美洲和加勒比海地区	33.3	22.7	104.7	19.7	0.16	0.20	0.13	0.0066
全球总量	66.2	31.1	161.4	824.5	0.14	1.2	1.9	0.36

进一步选取北美洲、欧洲、大洋洲和亚洲的一些主要经济发达国家，如美国、加拿大、英国、法国、澳大利亚、俄罗斯、日本与中国的数据进行比较（表 1－3、表 1－4），可以看出中国的电子资源借阅总量居八国之首；公共图书馆总量、注册读者总量、到馆人次总量仅次于美国和俄罗斯，位列

表 1－3　全球主要经济发展国家及中国的公共图书馆基本情况表(总量)[4]

	国家情况		公共图书馆数量	提供互联网的图书馆数量	全职员工人数	志愿者人数	注册读者数	到馆人次	图书借阅量	电子资源借阅量
	地域面积（万平方公里）	GDP 总量[5]（亿美元）	（个）	（个）	（人）	（人）	（百万人）	（百万人次）	（百万次）	（百万次）
美国	937	205 802.5	17 227	16 568	140 054	—	171.8	1 353.1	1 970.9	218.3
加拿大	998.467	17 124.79	3 415	—	2 012	1 055	13.2	163.9	304.1	—
英国	24.41	28 288.33	3 889	3 321	16 194	48 025	8.2	243.4	196.1	11.9
法国	67.283 4	27 801.52	16 500	—	30 000	83 800	3.0	48.8	65.6	199.7
澳大利亚	761.793	14 200.45	1 656	1 486	7 634	—	9.4	113.1	165.3	—
俄罗斯	1 709.82	16 572.9	37 138	27 060	122 206	—	50	413.4	960.7	17.9
日本	37.797 2	49 717.67	3 331	—	39 828	95 949	31.4	354.4	694.9	—
中国	963.405 7	133 680.73	28 606[6]	28 606	49 958	—	96.3	720.9	593.3	355.6

表 1－4　全球主要经济发展国家及中国的公共图书馆基本情况表(每百万人口数量)

	公共图书馆数量（个）	提供互联网的图书馆数量（个）	全职员工人数（人）	志愿者人数（人）	注册读者数（百万人）	到馆人次（百万人次）	图书借阅量（百万次）	电子资源借阅量（百万次）
美国	53.5	51.5	435.3	—	0.54	4.2	6.1	0.68
加拿大	95	—	56	29.4	0.37	4.6	8.5	—
英国	60.1	51.3	250.2	742.1	0.13	3.8	3.0	0.18
法国	256.2	—	465.9	1301	0.046	0.76	1.0	3.1
澳大利亚	69.1	62	318.5	—	0.39	4.7	6.9	—
俄罗斯	258.9	188.6	851.9	—	0.35	2.9	6.7	0.12
日本	26.3	—	314.7	758.0	0.25	2.8	5.5	—
中国	20.5[7]	20.5	35.3	—	0.07	0.52	0.43	0.26

第二。每百万人口指标上，中国的注册读者数为倒数第二；公共图书馆数量、全职员工数、到馆人次、图书借阅量的数据处于几国之尾。这一结果与亚洲公共图书馆在世界范围内的情况大体一致，也与中国的社会经济发展水平基本吻合。对比反映出中国公共图书馆的发展已处于先进地位，但受制于中国人口总量庞大、区域经济发展不平衡等因素，中国公共图书馆的人均占有量仍处于比较低的水平。

二 从欧盟 PL2030 项目看长三角公共图书馆体系发展

Public Libraries 2030(PL2030)是欧洲的一个非营利组织，其前身是2014年由比尔及梅琳达·盖茨基金会资助启动的“2020年公共图书馆计划”(Public Libraries 2020)。PL2020计划旨在将公共图书馆列入欧盟议程，并提高人们对于已成为人们身边的现代学习中心的公共图书馆的认识，支持具有创新精神的欧洲图书馆员成为社会和经济变革的推动者。PL2030建立在PL2020计划积累起的图书馆领导者和欧洲决策者网络基础上，通过推出创新项目和有效倡导，为整个欧洲图书馆提供更多优势。[8] PL2030与IFLA世界图书馆地图合作，2019年更新并发布了欧盟成员国内公共图书馆行业的关键数据，以供决策者使用。[9] 因PL2030网站公布的欧盟各国数据并不齐全，本文选取10个数据相对完整、国家人口数量相对较多的欧盟国家，与长三角地区(江浙沪皖)、上海中心图书馆的数据进行比较，以期了解长三角以及上海中心图书馆在欧盟公共图书馆间的位置。

表1-5、表1-6列示了欧盟十国与长三角、上海中心图书馆的基本情况，大致可以看出，在总量方面，长三角地区除图书借阅量和电子资源借阅量以外，其余指标均位居第一，图书借阅量仅次于德国；上海的注册读者数指标表现较好，而其他指标则处于中后位。每百万人口指标方面，捷克、丹麦、芬兰、波兰等国的部分项目都排列靠前；长三角地区的各项数

表 1－5　欧盟部分国家公共图书馆、上海中心图书馆及长三角地区基本情况表(总量)

	国家(或地区)情况		公共图书馆数量	提供互联网的图书馆数量	注册读者数	到馆人次	图书借阅量	电子资源借阅量
	地域面积（万平方公里）	GDP 总量[10]（亿美元）	（个）	（个）	（百万人）	（百万人次）	（百万次）	（百万次）
英国	24.4100	28 288.33	3 730	3 693	—	233	183	5.4
德国	35.7376	39 513.40	8 652	7 095	5.2	121	274	29
西班牙	50.5925	14 275.33	4 600	3 956	—	17.7	51	1
波兰	31.2685	5 858.16	7 953	6 203	—	74	105	1.3
荷兰	4.1864	9 145.19	776	776	—	70	71	3.2
比利时	3.0528	5 322.68	1 150	1 150	2.7	—	61.3	0.01
捷克	7.8866	2 452.26	5 324	4 738	1.4	22.1	53	0.076
瑞典	44.9964	5 560.73	1 109	1 109	2.6	—	51.4	2.3
芬兰	33.8145	2 742.10	720	720	—	49.8	67.4	0.8
奥地利	8.3854	4 561.66	1 383	1 176	—	0.44	24	1.4
匈牙利	9.3030	1 611.82	3 384	2 978	1.5	—	21.8	—
斯洛伐克	4.9037	1 065.73	1 780	926	0.62	7.2	18.8	—
罗马尼亚	23.8391	2 395.52	9 497	6 363	3.1	—	34.2	—
丹麦	4.2959	3 520.58	412	412	1.7	37.6	24.4	3.9
长三角（江浙沪皖）	35.8000	33 418.90	10 164[11]	10 164	29.0	282.8	189.2	—
上海[12]	0.6340	5 439.35[13]	377[14]	377	5.8	49.5	35.9	3.0

表 1-6　欧盟部分国家公共图书馆、上海中心图书馆及长三角地区基本情况表（每百万人口数量）

	公共图书馆数量	提供互联网的图书馆数量	注册读者数	到馆人次	图书借阅量	电子资源借阅量
	（个）	（个）	（百万人）	（百万人次）	（百万次）	（百万次）
英国	56.5	56.0	—	3.5	2.8	0.08
德国	104.2	85.5	0.06	1.5	3.3	0.35
西班牙	90.1	84.3	—	0.38	1.09	0.02
波兰	—	—	—	—	—	—
荷兰	44.9	44.9	—	4.0	4.1	0.18
比利时	101.8	101.8	0.24	—	5.4	0.0009
捷克	497.6	442.8	0.13	2.1	5.0	0.0071
瑞典	108.7	108.7	0.25	—	5.0	0.23
芬兰	130.9	130.9	—	9.05	12.3	0.15
奥地利	157.1	133.6	—	0.05	2.7	0.16
匈牙利	338.7	298.1	0.15	—	2.2	—
斯洛伐克	329.6	171.4	0.11	1.3	3.5	—
罗马尼亚	489.5	328.0	0.16	—	1.8	—
丹麦	71.0	71.0	0.29	6.5	4.2	0.67
长三角（江浙沪皖）	47.5	47.5	0.14	1.3	0.88	—
上海	26.0	26.0	0.40	3.4	2.5	0.21

据均相对靠后；上海的注册读者数仍位居第一，电子资源借阅量和到馆人次处于中上游水平，其余几项表现一般。进一步利用每百万人口数据计算平均每个公共图书馆的年图书借阅量（图书借阅量/公共图书馆数量×100），上海平均每个公共图书馆的年图书借阅量为9.5万次排名第一，芬兰9.4万次，荷兰9.1万次，长三角地区（江浙沪皖）1.9万次居于中后位，侧面反映了上海公共图书馆的整体借阅水平比较高。利用每百万人口数据计算年电、纸借阅量之比（电子资源借阅量/图书借阅量），丹麦0.16最高，德国0.11第二，上海0.08第三，这一结果说明了上海公共图书馆的电子资源普及度相对较高，读者对于电子资源的接受程度也相对较高。

通过与欧盟十国的对比，发现长三角地区、上海公共图书馆的整体发展与欧盟国家间仍存在一定差距，体现在人均指标上尤为明显。长三角地区的总量虽处于优势地位，但人均指标落后，甚至除图书馆数量以外均低于上海，反映出长三角地区公共图书馆在民众中的普及度不高，民众对于公共图书馆的使用率较低。上海的指标虽处于中后位，但保有较高的整体借阅水平和电子资源普及度，跻身欧盟国家前列。

三　从国际大都市公共图书馆指标看上海中心图书馆事业发展

根据《2019美国纽约市长管理报告》[15]、大伦敦政府发布的《World Cities Culture Report 2018》[16]、伦敦各自治区及伦敦城图书馆网页、巴黎市立图书馆系统[17]、[18]、东京都立图书馆发布的《2019年东京都公立图书馆调查》[19]、新加坡国家图书馆管理局2018/2019年度报告[20]、[21]以及中国香港特别行政区政府康乐及文化事务署2018/2019年度报告[22]公布的数据，选取纽约、伦敦、巴黎、东京、新加坡、中国香港等发达城市的公共图书馆指标，与上海市中心图书馆指标进行比较，了解上海市公共图书馆的发展现状（表1-7、表1-8）。

表 1-7　发达城市公共图书馆、上海中心图书馆基本情况表（总量）

	城市情况		公共图书馆数量	馆藏文献量	注册读者数	到馆人次	图书借阅量	读者活动数量	读者活动参加人次
	地域面积（平方公里）	GDP总量[23]、[24]（亿美元）	（个）	（万册/件）	（百万人）	（百万人次）	（百万次）	（万次）	（百万人次）
纽约	1 214.00	10 650.00	216	6 500	5.9	30.5	45.8	26.4	4.7
伦敦	1 577.30	6 532.00	352	1 100	—	—	30.5[25]	—	—
巴黎	105.00	2 360.00	72	990	0.3	5.7	12.1	0.47	0.17
东京	2 193.96	9 654.00	391	4 996	5.9	60.9	111.5	—	—
新加坡	719.10	3 641.39	26	850[26]	2.5	26.6	39.5	2.7	5.0
中国香港	1 106.34	3 627.21	82	1 499	4.6	—	47.8	2.4	19.7
上海	6 340.00	5 439.85	377	9 036	5.8	49.5	35.9	3.0	9.7

表 1-8　发达城市公共图书馆、上海中心图书馆基本情况表（每百万人口数量）

	公共图书馆数量	馆藏文献量	注册读者数	到馆人次	图书借阅量	读者活动数量	读者活动参加人次
	（个）	（万册/件）	（百万人）	（百万人次）	（百万次）	（万次）	（百万人次）
纽约	25.4	764.4	0.69	3.6	5.4	3.1	0.55
伦敦	39.1	122.2	—	—	3.5	—	—
巴黎	32.9	452.4	0.14	2.6	5.5	0.21	0.08
东京	14.2	181.4	0.21	2.2	4.1	—	—
新加坡	4.6	150.4	0.44	4.7	7.0	0.48	0.89
中国香港	10.9	199.3	0.61	—	6.4	0.32	2.6
上海	26.0	623.5	0.40	3.4	2.5	0.21	0.67

总量上，上海馆藏文献量遥遥领先，公共图书馆数量和读者活动参加人次的指标也表现较好；除图书借阅量以外，其余几个指标处于中间水

平；总量在发达城市间的整体表现尚可。每百万人口指标方面，上海多项指标的排名较总量均有回落，如馆藏文献量低于纽约；注册读者数，总量虽超新加坡、中国香港，但其每百万人口指标仍低于二者；读者活动数量也是同样的情况，总量虽高于新加坡、中国香港，但每百万人口指标又明显低于这两个城市。再看图书借阅量，上海的总量为倒数第三，每百万人口数量为倒数第一，而总量居末尾的巴黎，其图书借阅量的每百万人口数量却远高于上海，说明上海仍要持续普及全民阅读的意识，促进市民形成长期阅读的良好习惯。以到馆人次总量/注册读者总量来看，巴黎平均每个注册读者年到馆 19 次，新加坡 10.6 次，东京 10.3 次，上海 8.5 次，上海中心图书馆的读者重复到馆率相对偏低，侧面反映上海注册读者对于公共图书馆的使用率较低，需要加大社会宣传，不断提升市民使用公共图书馆的意识。从读者活动参加人次/读者活动数量来看，中国香港平均每场读者活动参加人次为 821 人次，上海 323 人次，明显高于新加坡 185 人次，巴黎 36 人次，纽约 17 人次，上海的读者活动数量以及读者活动参加人次总量的表现较好，说明上海对传统图书借阅行为以外的现代精神文化生活的重视，积极尝试以读者活动带动全民阅读，建立与读者间的纽带，吸引读者参与图书馆活动。

四　研究结论

本文以中国公共图书馆对标全球主要经济发达国家公共图书馆，以长三角地区、上海中心图书馆对标欧盟部分国家公共图书馆，以上海中心图书馆对标发达城市公共图书馆，从三个层面出发由广入微地比较研究全球图书馆事业发展情况。通过对标发达城市公共图书馆，找差距查不足，助力上海公共图书馆事业高质量发展。

1. 找准战略定位，助力现代公共文化服务体系建设

打响“上海文化”品牌建设。公共图书馆是推动现代公共文化服务体

系建设的重要力量，而上海公共图书馆站在上海这座城市发展的新坐标中，需要不断提高站位，围绕“卓越的全球城市”和“国际文化大都市”的发展目标，对标国际大都市公共图书馆，利用得天独厚的资源优势打响上海红色文化品牌、海派文化品牌、江南文化品牌，面向全球、面向未来，当好新时代公共图书馆事业改革发展的排头兵、先行者。

编实织密公共图书馆服务四级网络。上海中心图书馆服务已显成效，未来要进一步编实织密四级网络，以大居建设、基层综合性文化服务设施建设、社区文化活动中心空间优化等为契机，积极设置馆外服务点，打通公共文化服务“最后一公里”，建立覆盖全上海的公共图书馆服务体系，体现出公共文化事业的公益性、基本性、均等性和便利性。

推进长三角区域公共图书馆联动发展。2020 年 5 月 25 日，上海图书馆、南京图书馆、浙江图书馆和安徽省图书馆共同向长三角区域三省一市的公共图书馆发出“城市阅读一卡通”倡议书，号召各馆通力协作、开放创新，共同实现“借阅办证零门槛，文献传递无边界，个性服务通全域，通借通还重实效”。[27]“城市阅读一卡通”的实现为全面提升长三角区域公共文化服务水平，推进长三角地区高质量一体化发展注入了新的动力和活力。

2. 刷新服务思路，不断满足读者对美好精神文化生活的新期待

加强全民阅读推广力度。上海公共图书馆要以读者日益增长的文化需求为出发点和落脚点，不断刷新服务思维，借助新媒体、新平台、新技术，创新读者活动的形式、品种，大力推动全民阅读，提升人文素养，增强城市文化软实力。以推出原创能力强、文化品质好、文化品位高的读者活动为着力点和突破口，加强与社会各行各业的联系，既要“走出去”，也要“引进来”，广泛合作、凝聚资源、形成合力，跨界融合打造“图书馆 + ”全新业态，用创新创意持续激发全民阅读推广活动的生命力。

深化主题图书馆建设。主题图书馆是公共图书馆事业发展新时代的产物，从满足人民群众的基本文化需求提升到满足人民群众高品质的文化需求，从解决普遍均等服务的普通公共图书馆总分馆（基础、综合）到解决专门服务的公共主题图书馆，主题图书馆的价值功能在不断彰显。[28]“十三五”期间，上海图书馆、各区、街道图书馆都纷纷推出了主题图书馆，满足了读者个性化、专业化和精细化的阅读需求。未来，仍需通过扩大社会合作加强主题图书馆建设，塑造特色、提升品质、形成体系，走出一条上海主题图书馆发展新路。

提升读者证“含金量”。2020年，上海的注册读者数达530万人，面对如此庞大的读者群，上海公共图书馆要抓住“一卡通”通借通还带来的红利，利用好市民数字阅读App等数字资源平台，联合线下书商、线上电商、移动平台等渠道，想方设法提升读者证的“含金量”，让读者证不仅仅是一张出入图书馆的“通行证”。

3. 创新体制机制，积极应对“后疫情时代”挑战

今年，面对突如其来的新冠肺炎疫情，公共图书馆引以为重的线下服务被紧急逼停，线上服务异军突起助力图书馆服务破局，这是机遇也是挑战。公共图书馆要借此机遇创新发展思路，以数字化建设带动线上服务转型，拓展线上服务建设，着力向线上线下相结合的多元模式转型。同时，如何加强数字化、网络化、移动化建设，发挥信息技术的重要支撑作用，利用前沿科技为在线服务赋能，也是摆在公共图书馆面前的挑战。

（撰文：王晓樱）

参考文献：

[1] “十三五”财政1.83万亿元投入公共文化[EB/OL].（2021－05－25）. http://www.gov.cn/xinwen/2021－11/11/content－5560445.htm.

[2] 加强宣传：“图书馆地图”提供全球数据下载、更多发展故事和各个国家的信息[EB/OL].（2019－08－27）[2020－04－08]. https://www.ifla.org/node/92480.

[3] Library map of the world [EB/OL]. [2020－04－10]. https://librarymap.ifla.org/map/Metric/Number-of-libraries/LibraryType/Public-Libraries/Weight/Totalsby-Country.

[4] Library map of the world [EB/OL]. [2020-04-10]. https://librarymap.ifla.org/map/Metric/Number-of-libraries/LibraryType/Public-Libraries/Weight/Totals-by-Country.
[5] World Economic Outlook Database [EB/OL]. [2020-05-21]. https://www.imf.org/external/pubs/ft/weo/2019/02/weodata/index.aspx.
[6] IFLA 世界图书馆地图的中国公共图书馆数量未包含分馆数量，此处数据援引：国家图书馆研究院印发的《2018 年中国公共图书馆事业发展基础数据概览》.
[7] 每百万人口指标根据《2018 年中国公共图书馆事业发展基础数据概览》中"2018 年全国平均每 4.88 万人拥有一个图书馆(含分馆)"换算.
[8] About [EB/OL]. [2020-04-14]. https://publiclibraries2030.eu/about/.
[9] EU Library Factsheets [EB/OL]. [2020-04-14]. https://publiclibraries2030.eu/resources/eu-library-factsheets/.
[10] World Economic Outlook Database [EB/OL]. [2020-05-21]. https://www.imf.org/external/pubs/ft/weo/2019/02/weodata/index.aspx.
[11] 国家图书馆研究院. 2018 年中国公共图书馆事业发展基础数据概览[R]. 2018.
[12] 上海图书馆，上海市图书馆行业协会. 上海市公共图书馆行业发展报告(2019)[M]. 上海：上海科学技术文献出版社，2020.
[13] 分省年度数据[EB/OL]. [2020-05-21]. http://data.stats.gov.cn/easyquery.htm? cn=E0103&zb=A0201&reg=310000&sj=2018.
[14] 上海图书馆. 上海市中心图书馆事业 20 周年发展报告[R]. 2020.
[15] Mayor's Management Report (MMR)-PUBLIC LIBRARIES [EB/OL]. [2021-02-25]. https://www1.nyc.gov/assets/operations/downloads/pdf/mmr2019/2019_mmr.pdf.
[16] World Cities Culture Report 2018 [EB/OL]. [2020-04-30]. http://www.worldcitiescultureforum.com/publications/world-cities-culture-report-2018.
[17] La Liste Des Bibliotheques [EB/OL]. [2020-08-14]. https://bibliotheques.paris.fr/la-liste-des-bibliotheques.aspx.
[18] 2019 Bilan de l'année Ecoulée dans les Bibliothèques de la Ville de Paris [EB/OL]. (2019-01-14)[2020-08-12]. https://bibliotheques.paris.fr/2019-bilan-de-lannee-ecoulee.aspx.
[19] 東京都公立図書館調査[EB/OL]. [2020-04-28]. https://www.library.metro.tokyo.jp/lib_info_tokyo/public/survey/.
[20] National Library BoardAnnual Report 2018/2019 [EB/OL]. [2020-04-29]. https://www.nlb.gov.sg/Portals/0/Docs/AnnualReports/AR%202018-2019(v1).pdf.
[21] NATIONAL LIBRARY BOARD2019YEAR-IN-REVIEW [EB/OL]. [2020-04-28]. https://www.nlb.gov.sg/Portals/0/Docs/AboutUs/NLB2019yearin-review.pdf.
[22] 公共圖書館使用情況[EB/OL]. [2020-04-28]. https://www.lcsd.gov.hk/

dept/annualrpt/2018-19/res/uploads/index _ 1580698773/14 _ Usage-of-Public-Libraries_tc. pdf.
[23] New York City Economic Indicators [EB/OL]. [2020－05－21]. https://www. newyorkfed. org/medialibrary/media/research/regional _ economy/charts/Regional_NYC.
[24] Gross domestic product (GDP) at current market prices by NUTS 3 regions [EB/OL]. [2020－05－21]. https://ec. europa. eu/eurostat/databrowser/view/nama_10r_3gdp/default/table? lang＝en.
[25] Public Libraries in Greater London [EB/OL]. [2020－05－21]. https://librarytechnology. org/libraries/ukpublic. pl? County＝London.
[26] 新加坡馆藏文献量数据由新加坡国家管理局提供.
[27] 何勇海. 区域无障碍阅读服务值得推广[N]. 中国旅游报，2020－06－02(003).
[28] 柯平. 主题图书馆建设中的若干问题与发展思考[J]. 图书馆杂志，2020，39(03)：41－47.

第二章

纽约公共图书馆系统

纽约市的公共图书馆通过三个独立系统提供服务：纽约公共图书馆、布鲁克林公共图书馆和皇后区公共图书馆，这些系统共运营着 217 个地方图书馆分支机构，馆藏 377 个电子数据库和约 6 500 万册图书、期刊及其他参考资料。[1]其中，纽约公共图书馆是三大系统中规模最大、资源最丰富的，其服务范围覆盖布朗克斯(Bronx)、曼哈顿(Manhattan)、斯塔滕岛(Staten Island)三个行政区，共有 88 个流通分馆和四个研究图书馆。流通分馆面向普通公众提供最基本的图书馆服务，图书馆藏书以文学类图书和科普类图书为主。四个位于曼哈顿的研究图书馆为：斯蒂芬·施瓦兹曼大楼(Stephen A. Schwarzman Building)，主要收藏人文社科资料，也称人文与社会科学图书馆；表演艺术图书馆(NYPL for the Performing Arts)；黑人文化研究中心(Schomburg Center for Research in Black Culture)；科学、工业与商业图书馆(Science, Industry and Business Library)。近年来，纽约公共图书馆积极推陈出新，在资源建设、服务创新、管理模式、技术应用、合作推广等方面，形成一系列可资借鉴的理念与实践。

一　馆情概况

（一）馆史

纽约公共图书馆由蒂尔登基金会（Tilden Trustee）、阿斯特图书馆（The Astor library）和伦诺克斯图书馆（Lenox library）于 1895 年 5 月 23 日合并而成，面向社会公众免费提供图书、信息、创新资源和社会教育等服务。蒂尔登基金会是由纽约州州长塞缪尔·琼斯·蒂尔登（S. J. Tilden）创建的，他逝世后遗留下约 240 万美元，用于在纽约市建立和维护一个附带阅览室的免费图书馆。阿斯特图书馆按照美国德裔居民约翰·雅各布·阿斯特（J. Astor，1763—1848）先生遗愿而创建，在其遗嘱中，他拿出 40 万美元在纽约建立一所参考图书馆（reference library），为普通民众提供参考咨询与科学研究的便利条件，该馆于 1849 年建成并对外开放。在同一时期，纽约较有影响力的图书馆还有伦诺克斯图书馆，该馆由詹姆斯·伦诺克斯（J. Lenox）创建，馆藏以其个人所藏的珍本图书、手稿、美国历史图书等为基础，面向社会免费开放，主要读者为藏书家和学者。1892 年，阿斯特图书馆和伦诺克斯图书馆经费紧缺，难以为继，两馆理事会决定将两所图书馆合并，以节省财政支出，同时扩大馆藏规模。在此期间，纽约律师比格洛（J. Bigelow）和蒂尔登基金会提出一个更超前、更具创新性的想法，将阿斯特图书馆、伦诺克斯图书馆和蒂尔登基金会合并，形成一个新的实体机构，即纽约公共图书馆。三个机构的法人代表于 1895 年 5 月 23 日签署合作协议，三家正式合并。由三个私营机构合并而成的公共图书馆，在美国图书馆事业史上未见先例，它开启了私人慈善面向公众提供公共服务之先河，[2] 但当时的纽约公共图书馆只作为参考咨询和研究型图书馆。而现今纽约公共图书馆系统的成型，则得益于早期私人图书馆的并入以及卡耐基（Dale Carnegie）的慈善捐助。

19 世纪末，一些私人慈善机构与宗教组织在纽约市内兴办了许多向公众免费、可供借阅的私人图书馆，这些图书馆位置分散且相互独立。但由于市政支持力度减弱、缺乏适当协调机制等因素，其运行发展困难，纷纷另寻出路。1901 年，拥有 11 个独立流通分馆的纽约免费流通图书馆（New York Free Circulating Library，NYFCL）、圣艾格尼丝免费图书馆（St. Agnes Free Library）和华盛顿高地免费图书馆（Washington Heights Free Library）并入纽约公共图书馆，成为最早的分馆；1901 年，慈善家卡耐基捐出 520 万美元用于在纽约市五个区建立分馆，其中纽约公共图书馆成立了 39 个分馆，这些卡耐基分馆奠定了纽约公共图书馆雄厚的基础；1903 年，纽约盲人免费流通图书馆、阿圭勒免费图书馆（Aguilar Free Library）及其四所分馆并入；1904 年，哈莱姆免费图书馆（Harlem Free Library）、大教堂免费流通图书馆（Cathedral Free Circulating Library）等并入；直到 1906 年，合并全部完成，纽约公共图书馆系统初见规模，并开始开展流通借阅服务。可见，纽约公共图书馆从早期就开始了与城市建立伙伴关系和与社区接触的传统，并一直持续到今天。与此同时，卡耐基以纽约市政府必须提供空间场地和对图书馆的后续运营与维持为前提，计划捐助纽约公共图书馆分馆馆舍建设，而这一提议得到纽约公共图书馆的认可，时任纽约公共图书馆秘书长的乔治·利维斯（George L. Rives）在分馆设置计划书中写道："将分馆设置在居民容易看到的地方，让居民熟悉其所在位置，毫无疑问会提高图书馆的利用率。"1901 年 7 月，纽约公共图书馆与纽约市政府达成协议，负责管理位于布朗克斯、曼哈顿和斯塔滕岛三个行政区的 39 个卡耐基图书馆分馆。至此，纽约公共图书馆与市政合作开展社区图书馆服务的传统得以确立，并一直延续至今。[3]

（二）现状

目前，纽约公共图书馆已发展成为美国规模最大的市立公共图书馆，拥有完善的图书馆网络系统，这些网络遍及纽约市各社区，是所有纽约人免费阅读的书籍、获取的信息、接受的思想教育的重要提供者。纽约公共图书馆为读者免费提供开放资源和信息访问，为所有年龄段的读者提供免费服务，每年为超过 1 600 万名读者提供到馆服务和远程在线服务。经过 100 多年的积累，馆藏包括图书期刊、电子资源、视音频资源、视障人士资源和世界各地学者使用过的著名研究藏品等，另有数百个电子数据库。图书馆的历史藏品有哥伦布 1493 年宣布发现新世界的信、乔治·华盛顿的告别演说原稿等。此外，图书馆每年举办数千个展览和公众项目，包括技术、文化、研究和语言等各种类型的课程。图书馆网站每年接待来自 200 多个国家和地区的 3 200 万次访问。

如纽约公共图书馆馆长安东尼·马克斯(Anthony Marx)所言，“一个多世纪以来，纽约公共图书馆为读者提供了图书和信息的基本访问。今天，我们要在传统的基础上增加对馆藏的在线获取，并且将图书馆转变成主动为所有纽约人提供教育和机会的中心”。现在的纽约公共图书馆也在不断改变，不断刷新图书馆的定位和价值。图书馆正在转变为真正的教育创新中心和服务中心，而不只是提供免费图书和资料的重要社区中心。图书馆在缩小数字鸿沟方面发挥了关键作用，这对于数百万家中没有互联网接入的纽约人而言尤为重要。纽约市公立学校的学生依靠当地的图书馆机构完成他们需要在线完成的家庭作业。纽约市的移民社区依靠图书馆的英语语言和素养课程来学习英语。求职者能在图书馆获取广泛的求职资源。图书馆每年提供 10.3 万个免费项目，服务群体覆盖幼儿、青少年和老年人。

此外，在不断扩展的数字领域，纽约公共图书馆为全球用户提供强大的在线工具来使用其广泛的资源和服务。在图书馆网站上，用户可以浏览图书馆的大量数字馆藏，并下载电子书。用户通过图书馆的电子书阅读平台(SimplyE)，只需几个简单步骤即可借阅超过 30 万册的免费电子书。通过参考咨询服务(Ask NYPL)，图书馆员可以随时回答读者的任何问题。

二 财政状况

（一）运营收入与支出

纽约公共图书馆的运营经费包括流通分馆经费和研究图书馆经费，大部分来自纽约市政府，小部分来自纽约州政府、联邦政府，还有相当一部分来自各机构组织和私人捐助、投资回报等。[4]

2016—2020财年纽约公共图书馆的运营收入情况见表2-1、表2-2：

表2-1 2016—2020财年纽约公共图书馆运营收入（单位：千美元）

运营收入来源	2020财年	2019财年	2018财年	2017财年	2016财年
纽约市政府	195972	181934	175356	172702	168016
纽约州政府	19533	21018	21312	20739	20278
联邦政府	811	716	1344	2013	1935
公用事业费及租金	9187	9395	10266	10624	9787
私人捐助	39164	41718	47388	69376	36435
投资收益	54453	54999	51884	51726	49683
罚款、特许使用费及其他	10475	15660	14740	13836	14365
总计	**329595**	**325440**	**322290**	**341016**	**300499**

（数据来源：2016—2020财年纽约公共图书馆年报）

表2-2 2020财年纽约公共图书馆收入来源占比

来　　源	占　　比
纽约市政府	59%
捐助	12%
纽约州政府及联邦政府	6%
公用事业费及租金	3%

（续表）

来 源	占 比
投资收益	17%
其他支持与收入	3%

（数据来源：2020 财年纽约公共图书馆年报）

2016—2020 财年纽约公共图书馆的运营支出情况见表 2－3、表 2－4：

表 2－3 2016—2020 财年纽约公共图书馆运营支出（单位：千美元）

运营支出项目	2020 财年	2019 财年	2018 财年	2017 财年	2016 财年
图书馆服务	261 850	262 273	266 232	265 678	260 150
募捐活动与会员发展	10 345	10 895	10 637	10 215	10 700
一般运营管理	26 967	25 372	26 258	26 315	26 832
总运营支出	**299 162**	**298 540**	**303 127**	**302 208**	**297 682**
研究馆资源采购	13 639	14 302	12 134	16 621	15 053
总计	**312 801**	**312 842**	**315 261**	**318 829**	**312 735**

（数据来源：2016—2020 财年纽约公共图书馆年报）

表 2 4 2020 财年纽约公共图书馆支出项目占比

项 目	占 比
图书馆服务	79%
图书、图书馆资源及研究馆藏	9%
一般运营管理	9%
募捐活动与会员发展	3%

（数据来源：2019 财年纽约公共图书馆年报）

在各运营支出项日中，图书馆服务支出占比最大，其中主要包含了各层面开展的大量图书馆活动，而用于资源建设的支出占比仅为前者的十分之一左右。可见，纽约公共图书馆对开展图书馆活动的投入力度较大。

（二）预算削减危机

2020财年纽约公共图书馆预算面临大规模削减。自金融危机开始，纽约市的公共图书馆就面临经费削减的困境。2008—2013年，相关预算削减了6 800万美元，导致开放时间和图书采购大幅下降。

近年来，纽约三大公共图书馆系统普遍面临运营成本上升、需求增加和建筑老化等问题，图书馆原本期盼市政府在2020财年额外拨款3 500万美元，并在未来十年拨款9.63亿美元，用于翻新、技术升级和关键维护。然而，纽约市市长的财政预算却是当头一棒。在预算提案中，虽然公共图书馆拨款仅占纽约市总预算的0.5%不到，却将削减1 100万美元，包括300万美元基线经费，以及800万美元的市议会补充经费。

纽约公共图书馆为此发布一份声明称，此次经费削减可谓“雪上加霜”，图书馆只能进一步压缩开放时间，各种免费课程和活动也将受到影响。[5]、[6]

三 资源建设

（一）馆藏概览

馆藏在纽约公共图书馆的官网上被称为“图书馆的心脏”，不难看出其对馆藏的重视程度。结合馆藏外借制度，公众可以通过纽约公共图书馆免费使用最全面、综合性最强的藏品。这些藏品被分成100多个主题，包括“口音和方言”“女性研究”“棒球”“计算机科学”“性少数群体研究”“移民”“犹太人”“剧院”和“美国历史”等主题。

纽约公共图书馆最知名的特藏资源分别收藏在表演艺术图书馆、黑人文化研究中心，以及科学、工业与商业图书馆三个研究图书馆中。表演艺术图书馆是一个艺术宝库，高级文化与平民主义在这里得以融合，馆藏主要以与纽约当地表演艺术有关的历史资料为主，并且主要来自民间表演艺术，比如路边的小剧场或著名的叮砰巷(位于纽约第五大道与百老汇之间的第二十八街，曾是众多词曲作家、改编者和音乐出版人的工作地)；该馆收藏了数十万件各式各样与音乐、戏剧、舞蹈有关的作品，包括书籍、剪报、舞台素描或明细、手稿、电影胶片、音乐总谱、唱片、照片、海报、宣传卡片和节目单等，[7] 其中有法国作曲家克劳德·德彪西的《蝴蝶》(*Les Papillons*)亲笔签名手稿等。黑人文化研究中心被公认为是研究非裔美国人、非洲散居侨民以及非洲历史文化的权威机构之一，其藏品记录了全世界非洲后裔的历史，包括非裔美国画家艾伦·道格拉斯描绘黑人生活的著名油画《塔之歌》等；科学、工业与商业图书馆融合了纽约公共图书馆在科技与产业方面的众多资源与服务，被认为是全美最大的科技与产业领域公共信息中心，其收藏产业和科技领域的商业报刊、公司信息、商业名录和买家指南、行业和市场研究报告、海关税则和进出口数据、市场价格数据、国内外各类统计年鉴，以及由知识产权文件、企业年报和政府出版物构成的特藏文献，其收藏的经济学家亨利·乔治雪茄的雪茄盒标签亦是珍贵藏品之一。

如今，纽约公共图书馆仍对其特藏建设进行重大投资，特别是一些珍贵的原稿、原始资料，如1939—1940年纽约世界博览会的记录、沃尔特·惠特曼精心编写的《儿童的回忆》、关于传奇女演员凯瑟琳·赫本舞台生涯的论文等。此外，图书馆还藏有大量的摄影资源，例如爱德华·柯蒂斯(Edward S. Curtis)对于阿帕奇士兵的精彩描摹、詹姆斯·吉尔瑞(James Gillray)的《婚前的和谐》(*Harmony Before Matrimony*)、古利奥·克洛维奥(Giulio Clovio)的《Towneley Lectionary》等早期作品。

纽约公共图书馆在注重实体馆藏的同时，也在不断开发和传播数字馆藏。在数字资源方面，馆藏电子资源丰富，订阅数百个数据库，范围从医学、法律、科学到社区资源、就业和家庭作业辅导等。同时，图书馆十分重视读者获取信息的方式渠道，为遍及世界各地的读者提供功能强大的在线阅读工具，以帮助读者发现及使用线上资源。读者阅读纽约公共图书馆的电子图书资源，需下载电子书阅读平台（SimplyE），安装软件并完成相应注册登录步骤，便可阅读各类电子资源，下载有声读物、视频和电子数据库的资料。[8]

（二）资源建设项目

1. 针对移民群体的资源体系

随着城市化进程的加快，流动人口和移民正成为城市多样化和多元化的主要推动力。纽约是美国移民族群和移民人数最多的城市，面对多元文化服务环境，纽约公共图书馆相应建设了多语种文献资源体系，而且还开展了多种移民文化活动，充分体现了公共图书馆尊重多元文化和用户权利的服务理念。纽约公共图书馆的文学和语言收藏中心收藏了由超过 100 种语言和方言编写的书籍，其中中文书籍就超过一万册。另外，纽约公共图书馆在其网站主页提供了 20 种语言选择，用户可以根据需要选择自己熟悉的语言进行访问；针对移民用户英语学习问题建立了英语学习网络资源导航系统，其内容包括图书馆的电子资源、电子词典、英文学习数据库以及考试内容等；还设有专门的移民参考咨询服务馆员，及时为移民用户解决生活、学习和工作上的问题。[9]

2. 数字化创新举措和产品

随着数字化的到来，纽约公共图书馆为了与时俱进，成立了技术部门，将图书馆数十万的书籍和资料数字化，以便全世界的人们可以在线阅读。与此同时，图书馆推出电子书阅读平台（SimplyE），用户通过简单步骤即可借阅免费电子书，图书馆还为那些无法负担上网费用的人提供路由器租赁服务和图书馆内的无线网络服务。根据皮尤研究中心的一项研究显示，“借阅实体书仍是图书馆最受欢迎的活动，有 64％的图书馆用户借阅书籍，只有 29％的用户来图书馆使用电脑阅读”。虽然如此，纽约公共图书馆在过去五年内的数字阅读量却增长了 300％，预计未来的数字访问量会进一步增加，图书馆正依靠筹集到的私人募捐基金不断完善设施和加快数字化发展以惠及更多读者。[10]

纽约公共图书馆有一个数字馆藏数据库（Digital Collections），目前收录了901 944项由实体转为数字化的馆藏，种类包括书籍、视频、地图、手稿、插图、照片、版画、影片等，每日更新，读者可以从官网在线检索下载。[11]这个项目旨在将历史数据转成数字格式，让用户自由下载使用，对于学术研究或保存、传递来说都是非常重要的。

3. 资源跨界融合

基于资源建设的需要，纽约公共图书馆下属的黑人文化研究中心于2017年4月12日收购了美国著名黑人作家、散文家、戏剧家和社会评论家詹姆斯·鲍德温的档案，并举办专题展览，进行数字化保存处理。按常理来说，档案本应属档案馆收藏，但基于“资源为王”的现实需求，图书馆、博物馆和档案馆这类以文化资源收藏和管理为主的机构之间出现了一种争相跨界收购、抢占资源的普遍现象，纽约公共图书馆便是抢在了档案馆行动之前，积极收购了鲍德温的档案。此外，纽约公共图书馆还收购了美国知名摇滚音乐家卢·里德的档案和美国一流舞蹈团体杰佛瑞芭蕾舞团的档案等。[12]

4. 口述史资源建设

2013年末，纽约公共图书馆的延伸服务部开发了邻居口述史项目，使格林尼治村（Greenwich village）居民能向社会公众分享他们的记忆。用户可通过纽约公共图书馆网站中的口述史数据库，在线访问口述史访谈记录、访谈录音、照片、视频等。截至2018年8月，纽约公共图书馆口述史项目已收集到1 250多个口述史故事，与美国历史、地方史和家谱研究等馆藏存放在一起。截至2018年9月，累计招募300名志愿者担任社区口述史采访员，是纽约公共图书馆史上规模最大的志愿者参与项目。纽约公共图书馆社区口述史资源融合了社区参与、“众包”建设以及图书馆等众多分支机构与研究部门的功能。[13]

5. 研究资源

近125年来，纽约公共图书馆在知识保存和创新方面发挥了重要作用。从重大收购项目到世界级展览，其馆藏激发了全球学者和访客的研究灵感，为下一代研究人员铺平了道路。图书馆通过一些重要的合作伙伴和新的收购来扩大馆藏研究资源的范围和数量，包括2010年7月黑人文化研究中心收入的美国黑人领袖马尔科姆·艾克斯（Malcolm X）自传手稿。此外，2017年，图书馆通过与哥伦比亚大学图书馆和普林斯顿大学图书馆合作共享馆藏目录来进一步扩展研究资源，纽约公共图书馆的持证读者可以申请使用这些著名图书馆的馆藏，并在纽约公共图书馆的研究图书馆内获取和使用。2018年秋季，纽约公共图书馆与法国国家图书馆签署了一项协议，旨在保存和提供与文化遗产相关的资料，为更好地了解和保护共同遗产而努力。

四 用户服务

（一）服务效能

1. 服务数据统计分析

纽约公共图书馆2016财年至2020财年的服务绩效指标见表2－5、表2－6。

数据中有一些值得关注的变化[14]：

与开放时间有关的指标均为新冠肺炎疫情发生前的数据，其他指标包含疫情发生后的数据。受疫情影响，纽约公共图书馆在2020年3至6月闭馆。2021财年的计划目标较2020财年保持不变，但将在2021财年的市长管理报告中进行修订，届时应能更好地揭示疫情对2021财年图书馆运营的预期影响。2021财年目标是公共图书馆系统在2019年末为2020财年市长管理报告初稿制定的，因此并未考虑疫情的持续影响。

全纽约市的公共图书馆从2020年3月14日开始暂时关闭所有流通

表 2－5　2016—2020 财年纽约公共图书馆——流通分馆服务绩效指标

绩效指标	实际情况					目标		趋势	
	2016 财年	2017 财年	2018 财年	2019 财年	2020 财年	2020 财年	2021 财年	5 年趋势	预期方向
★平均每周开放时间(小时)	50.0	50.0	50.0	49.0	49.0	49.0	49.0	持平	上升
每天开放的图书馆占比(%)	8%	8%	8%	8%	8%	8%	8%	持平	上升
★每周开放 6 天的图书馆占比(%)	100%	100%	100%	100%	100%	100%	100%	持平	上升
★外借流通量(千册次)	22 723	23 778	23 984	21 330	15 333	17 000	17 000	下降	上升
参考咨询(千人次)	9 141	9 023	8 661	8 024	5 577	7 200	7 200	下降	上升
网站访问(千次)	29 849	28 015	26 948	29 158	27 300	27 000	27 000	持平	上升
公众使用的计算机数(台)	4 647	4 660	4 875	5 027	4 796	4 700	4 700	持平	上升
计算机使用(千人次)	3 214	3 141	2 862	2 619	1 653	2 000	2 000	下降	上升
无线网络使用(人次)	2 650 115	3 045 409	3 248 300	3 048 042	2 043 409	2 600 000	2 600 000	下降	上升
开展活动量(次)	91 281	108 291	110 390	103 402	73 564	91 000	91 000	下降	上升
★活动参加人数(人次)	1 713 362	1 983 369	1 976 390	1 901 180	1 354 537	1 700 000	1 700 000	下降	上升
★读者证持有量(千张)	2 060	2 031	2 229	2 458	2 430	1 900	1 900	上升	上升
活跃的读者证量(千张)	729	706	1 289	912	730	—	—	持平	—
新增读者证量(张)	277 641	315 137	296 419	357 107	273 175	—	—	持平	—
★图书馆访问人数总计(千人次)	13 867	13 666	12 736	11 799	7 843	10 600	10 600	下降	上升

★关键指标

(数据来源：2020 财年纽约市长管理报告。)

表 2-6　2016—2020 财年纽约公共图书馆——研究图书馆服务绩效指标

绩效指标	实际情况					目标		趋势	
	16 财年	17 财年	18 财年	19 财年	20 财年	20 财年	21 财年	5 年趋势	预期方向
★平均每周开放时间(小时)	51.3	51.3	53.3	52.3	52.3	51.4	51.4	持平	上升
每天开放的图书馆占比(%)	25%	25%	25%	25%	25%	25%	25%	持平	上升
★每周开放 6 天的图书馆占比(%)	100%	100%	100%	100%	100%	100%	100%	持平	上升
参考咨询(千人次)	514	517	521	521	298	465	465	下降	上升
★活动参加人数(人次)	100 330	101 554	102 481	127 131	184 897	94 000	94 000	上升	上升
★图书馆访问人数总计(千人次)	3 744	3 637	4 146	4 594	3 338	4 200	4 200	持平	上升
开展活动数量(次)	2 060	2 209	2 885	3 037	2 128	2 100	2 100	上升	上升

★关键指标

(数据来源：2020 财年纽约市长管理报告。)

分馆和研究图书馆，以缓解疫情传播。现场操作全部暂停，包括实体图书借阅、课程和活动、公共计算机和 Wi-Fi 使用。在此情况下，纽约公共图书馆积极拓展数字服务，如电子书借阅、虚拟活动、研究数据库使用和远程参考咨询服务等，但到 2020 财年末（2020 年 6 月底）仍未恢复现场服务，仅重新开放部分流通分馆，提供有限服务。提供有限服务的分馆数量预计将在 2021 财年初逐步增多。截至 2020 财年末，个人课程和活动、公共计算机和 Wi-Fi 使用仍处于暂停状态。

纽约公共图书馆在闭馆期间不开展任何线下活动，而是过渡到为用户提供虚拟活动。活动参与人数包括闭馆期间参与在线直播活动的人次，以及观看录播活动的人次。随着图书馆将各类活动项目转移到虚拟环境中，他们对使用哪种平台非常谨慎，同时考虑到包括用户隐私在内的各种问题，这也影响了 2020 财年计划的活动参与数据。除了开展活动量和活动参加人数，图书馆访问量、外借流通量、参考咨询量、计算机使用量和无线网络使用量等指标，因受疫情闭馆影响，均出现明显下降。

2. 服务内容创新

近年来，纽约公共图书馆先后推出一系列特色创新服务项目，有效吸引了更多用户，主要包括五个方面：

（1）重塑流通分馆服务

自 2017 年 8 月开始，纽约公共图书馆对其最大的流通分馆——曼哈顿中区图书馆（Mid-Manhattan Library）进行重大改造。2020 年春，该馆重新部分开放后更名为斯塔夫罗斯·尼阿克斯基金图书馆（Stavros Niarchos Foundation Library，SNFL），并重组部分功能，包括成人学习中心和青少年中心；商业中心（由科学、工业与商业图书馆并入）；儿童中心（由斯蒂芬·施瓦兹曼大楼即人文与社会科学图书馆并入）。新馆为一栋带屋顶露台的 8 层建筑，面向各年龄层用户开展服务。[15]

（2）增加读者证功能

一是推出“知识就是力量”特别版读者证[16]。为了进一步挖掘潜在用户，尤其是获取图书馆服务不足的社区用户，包括新移民、老年人和低收入家庭，纽约公共图书馆在 2018 年秋季推出了 7 万张“知识就是力量”特别版读者证，第一天就吸引了 2 300 多个在线注册用户，是日常平均水平的四倍多。

二是发放“文化通行证”(Culture Pass)[17]。2018 年 8 月，纽约公共图书馆与纽约市其他两大公共图书馆系统（布鲁克林公共图书馆和皇后区图书馆）共同推出“文化通行证”。年龄超过 13 岁（含）且持有这三个图书馆系统读者证的读者，都能获得“文化通行证”，免费参观纽约市内的 40 多个文博机构，包括大都会艺术博物馆、古根汉博物馆、惠特尼美术馆、无畏号航空母舰博物馆、美国华人博物馆、皇后区博物馆、布碌仑植物园、布碌仑儿童博物馆、纽约交通博物馆、曼哈顿儿童博物馆和纽约市博物馆等。读者可同时预约最多两个文博机构的通行证，每年可至各文博机构免费参观一次。“文化通行证”项目促使图书馆读者证注册量激增，其发放后的四个月，就有 26 000 张免费通行证被预订。

(3) 拓展延伸服务[16]、[18]

一是免费共享大学图书馆研究馆藏。2017 年，纽约公共图书馆与哥伦比亚大学和普林斯顿大学合作，共享对方的馆藏目录，大幅扩大图书馆的研究馆藏。用户可以使用纽约公共图书馆读者证向这些著名的大学图书馆索取 700 万件馆藏研究资料，并通过传递服务在纽约公共图书馆的研究图书馆内免费使用这些资料。2018 年秋季，图书馆还与法国国家图书馆签署了一项共同保存和提供文化遗产资料的协议。

二是开展儿童早期素养培育活动。纽约公共图书馆深化与教育部的联系，不断扩大对儿童和青少年的教育服务。据统计，2016—2018 年的三年内，参与早期素养培育活动的人数增长了 154%。2018 年，共有 78.8 万人次参与了相关活动。2019 年，图书馆为儿童和青少年提供了 14 000 余个学校外延项目，帮助所有学生访问图书馆资源。

三是开展成人教育项目。包括可实际操作的计算机培训、职业准备和劳动力发展课程，以及免费英语课程和对话小组活动。2018 年共有 36 000 人次参与。

四是开展服刑人员服务。2018 年 5 月，图书馆在曼哈顿拘留中心开设了一家新图书馆，提供 1 400 多本书籍和杂志。这是继 2016 年在里克斯岛开设图书馆之后，第二家设置在纽约市惩教设施内的纽约公共图书馆分馆。

五是推出一个试点分馆项目，该分馆为年轻人提供免费外借领带、公文包等求职面试用品的服务。

六是开通两个免费播客"图书馆谈话"和"图书馆员"，提供热门文学内容，将更多听众带入图书馆社区。2018 年，播客获 140 万次下载。

（4）加强数字服务

一是推出免费电影流媒体服务(Kanopy)。这项服务启动于 2017 年，纽约公共图书馆为持有读者证的用户提供了 3 万多部电影，电影内容库包括纪录片和独立电影，这些影片在其他流媒体平台上难以获得。该服务对用户来说是免费的，但图书馆为用户访问付费。每部电影至少被观看三次时，图书馆会被收取近 150 美元的许可费，这对图书馆预算产生了一定的压力。2019 年 7 月，图书馆关闭了这项服务。另一方面，图书馆不断加大对其电子书和免费电子书阅读平台(SimplyE)的持续投入。2018 年，电子资源流通量超过 500 万册/件，其中电子有声读物增长最快，增长了 27%。

二是创建"照片墙小说"(Insta Novels)服务。2018 年 8 月，纽约公共图书馆在其 Instagram 账户中发布电子小说，所有作品都来自版权已经失效的公共领域。这项新服务向所有 Instagram 用户开放，无论他们是否持有读者证或是否住在纽约市。每本图书被重新设计封面后，都通过纽约公共图书馆的 Instagram 账户免费提供。页面以静态文本为主，部分是动态的。同时，纽约公共图书馆还在数字平台上与公众互动，有效促进了读者数量的增长。这项服务的主要目的是利用 Instagram 来推广阅读，尤其是图书馆的阅读服务品牌。[17]2019 年，该服务已成功吸引数百万用户，并赢得 2019 年威比奖（Webby Awards）相关奖项。

三是建立“数字图库”。2005 年 3 月，纽约公共图书馆开始数字化建设，发布“数字图库”项目，使用户能够上网查阅电子书。该项目在线提供 27.5 万张图片。只要不用于商业，任何人都可以免费下载这些图片。2016 年 1 月，图书馆在网上发布 18 万余张数字化高清图片，并向大众免费开放，其中包括珍贵手稿、地图、照片、乐谱、石版画、明信片及其他图像。图片根据时间、色彩、风格或图书馆收藏进行分类，图书馆还特地开发了多款数字游戏和工具，以增加趣味性。[17]“数字图库”涵盖以下几方面内容：1）专题画廊（gallery collections），包括：艺术与文学、城市与建筑、文化与社会、历史与地理、工业与技术、自然与科学、印刷与图像，共 7 个画廊；2）名称字顺（names），包括：艺术家、作者、出版者、收藏者等，共五千多个名称；3）主题字顺（subjects），包括：取自相关图像资料叙词表的人名、机构名、地名和论题，共有超过 2.3 万个主题；4）图书馆（libraries），包括：纽约公共图书馆的四个研究图书馆。

（5）支持商业服务

为商业和创业提供专业咨询与支持一直以来是纽约公共图书馆的特色服务项目之一。这一职能主要由其科学、工业与商业研究图书馆承担。2020 年，该馆的“商业中心”并入原曼哈顿中区图书馆，成为全新的斯塔夫罗斯·尼阿克斯基金图书馆。纽约公共图书馆主要提供个人理财与投资、小型企业信息资源服务、商业与金融研究、求职与就业服务等领域的商业服务，[19]其中比较有特色的项目包括以下几类。

一是小型企业支持。“商业中心”内设的“纽约市小型企业资源中心”（NYC Small Business Resource Center）重点为各类小型企业的初创及运营提供信息支持服务，包括市场研究和行业概述、面向小型企业的活动和培训、参考咨询、项目评估、企业注册、商业研究指南、移民商业联系等内容。[20]同时还与纽约市小型企业管理局合作，由隶属于管理局的非营利性志愿者机构(SCORE)向企业主和小型企业提供免费、深入的商业咨询，帮助其创业、撰写商业计划书，并协助企业规划扩张。[21]

二是创业计划竞赛。自2009年开始，纽约公共图书馆在花旗基金会(Citi Foundation)的资助下，每年举办名为“启程，纽约!”(New York StartUp!)的创业计划竞赛活动，提供种子基金资助初创企业和小型创业。参赛者可免费使用“商业中心”提供的所有商业资源及服务，“商业中心”还提供企业网站域名登记、纽约市公共创客空间网络、政府经济管理部门与大学研究中心商业服务简介及其网址链接等多种创业发展支持服务。该竞赛面向曼哈顿、布朗克斯和斯塔滕岛三个行政区内有创业意向或处于创业起步阶段的市民开放。参赛者须参加与商业计划书写作、企业竞争情报、财务分析等主题相关的研讨会。[22]竞赛获胜者将获得1.5万美金的种子基金资助。[23]

三是求职与就业咨询。“商业中心”为求职者提供职位查找、就业指导、求职培训、职业规划等一站式专门服务，还设有“职业教练”(Career Coaching)项目，为有特殊需求的用户提供一对一的支持与指导服务，例如简历制作、面试技巧培训、人际关系网建立、心理咨询等。[24]

四是金融素养培育。纽约公共图书馆的金融素养中心(Financial Literacy Center，FLC)为创业者提供金融素养教育，帮助其掌握财务管理基本技能。该中心提供各类金融和财务专业资源，涵盖财务预算、信用修复及股票、基金、期货、债券、房地产投资等多种主题。其金融素养教育项目“金融知识”(Money Matters)与财务主题活动“财务规划日”(Financial Planning Day)面向用户举办免费讲座，涵盖投资基础、经济与市场、财务信息与财务报表、储蓄与理财等方面的信息。[22]

新冠肺炎疫情暴发后，“商业中心”的相关服务均转为在线虚拟模式，为受到疫情影响的企业提供最新政策信息，为居家人员提供商业、创业和求职资源，“启程，纽约!”创业计划竞赛、“金融知识”素养教育项目等也全部转至线上。

(6) 细化图书馆推广活动

纽约公共图书馆平均每年开展 93 000 余场形式多样、内容丰富的公众活动，其研究图书馆亦基于自身资源与服务特色开展相关专题活动。活动项目有：邀请作者、艺术家、学者举办交流座谈和演出；作家作品推介；围绕热门政治、教育、艺术和人文议题进行辩论和演讲；放映馆藏影像资料；周五闭馆后举办“图书馆之夜”欢乐派对活动等。[25]

同时，图书馆积极开展面向不同层次群体的阅读推广活动，并对参与活动的用户作了非常细致的划分：从年龄上分，包括学龄前儿童(0—18 个月、18—36 个月、3—5 岁)、少年儿童(5—12 岁)、青少年(12—18 岁)、年轻人(16—24 岁)、成年人、中老年人(50 岁以上)等；从类型上分，包括大学生和毕业生、教师(含早教机构、幼儿园到 12 年级的教师，及大学教师)、阅读爱好者、英语学习者、家庭、父母、看护者、移民、求职者、商人、流浪者、残疾人、监狱服刑人员等。[26]图书馆依据不同人群的特点和需求开展有针对性的活动，其中两个比较有特色且广受欢迎的活动项目：一是“暑期阅读推广活动”(Summer Reading)项目。该项目在每年暑假期间开展，主要吸引各个年龄层的儿童、青少年及其家庭。2020 年，因受新冠肺炎疫情的影响，相关项目转移至线上举行，又适逢纽约公共图书馆建馆 125 周年，此次的规模较以往更大、涉及范围更广。项目主旨是开展有关英雄科幻领域的主题图书阅读活动，图书馆推送阅读书单和儿童电子报，举办阅读写作比赛，并提供多语种资源。读者可以在线记录阅读进度，完成有趣的家庭活动，寻找推荐的书籍，在阅读和参与活动的同时，还可以在图书馆的在线阅读门户中获得“阅读英雄”徽章。[27]二是各类读书会活动。该活动用户分类更细致，服务人群更广泛。活动通常每月举办一次。在年均 300 多场读书会活动中，文学、诗歌和写作类占 33.5%，与当地社区相关的占 24.3%，艺术、摄影类占 13.4%，与社会、历史、文化相关的占 6%左右。在形式上，阅读讨论和研讨交流为主要形式，分别占 64.7%和 29.7%，其他形式还包括影视、朗读、游戏、班级讨论和教育课程等。在学科方面，语言类、文学类和社会科学类占比较大。[26]

2021年1月，纽约公共图书馆开通新的阅读推广活动“故事热线”（Story Line）。用户可以拨打图书馆电话，聆听由专业图书馆员朗读的一本儿童图书。图书内容每周更新，并提供英语、西班牙语和普通话等多语种选项。[28]

（二）服务政策和规章[29]、[30]

1. 办证

任何在纽约州生活、工作、就学或缴纳财产税的个人都能免费办理纽约公共图书馆的读者证。成人和青少年用户可以在图书馆现场或在线申请读者证。12岁及以下儿童须填写申请表并由父母或监护人签字。在线申请读者证时，用户会收到一个临时条形码，用于设置个人身份识别码（PIN码），在续借资料或申请使用馆外研究资料时，需要使用个人身份识别码。

任何在纽约市五个行政区内运营的组织都可以免费申请有效期一年的机构外借证。

纽约州外或国外参观者需要使用图书馆资源时可以现场领取访客证，有效期三个月。

2. 验证

用户首先需要验证账户，才能下载电子书和有声读物，验证后将获得一张实体读者证，可用于外借资料、检索图书馆数据库或预约使用计算机。纽约大都会区（纽约市五个行政区）的持证人可前往纽约公共图书馆系统内的任何一家馆，出示相关身份证明，进行读者证验证或更新。非纽约大都会地区的持证人可以通过电子邮件将身份证明扫描件或复印件发送或传真给图书馆。用户信息可在线更改。读者证每三年需要验证更新一次。

3. 外借标准

一次最多可外借资料 50 册/件，包括最多 10 张 DVD。资料类型不同，借期也不同。具体如表 2－7 所示[31]：

表 2－7 纽约公共图书馆各类资源外借期限

资源类型	借　　期
图书、图书/录音合集、有声书、小册子、CD、期刊、图片馆藏资源、乐谱、歌词、馆际互借（ILL）	3 周
新书	2 周
电子资源（eNYPL）	各不相同
快递图书（Express Books）	1 周
DVD、家用录像（VHS）、VCD、CD-ROM	1 周
DVD 快件（DVD Express）	4 天
存档影片（LPA）	60—90 分钟（仅馆内使用）
无线笔记本电脑	45 分钟（仅馆内使用）
研究图书馆的资料	1 天（仅馆内使用）
学术资料	不同部门各不相同

残障人士等不便到馆的用户可以全天候申请外借邮寄服务。

4. 续借

在无人预约的情况下，最多可连续续借 10 次，每次 2 天。可通过在线、前台、自助服务设备、电话等方式续借。

5. 归还

大多数流通资源可以归还至位于布朗克斯、曼哈顿、斯塔滕岛的任何一家流通分馆或研究图书馆（除黑人文化研究中心以外，提取预约资料和缴纳滞纳金等相关费用时也是如此）。部分分馆设有 24 小时归还服务。

6. 逾期费

2021 年 10 月，纽约公共图书馆宣布取消书刊等资料的逾期费，并清除了所有读者账户中的逾期费或罚款。但若书刊资料逾期超过 30 天，则将被认定为丢失，图书馆仍会向读者收取书刊更换费。图书馆将依据书刊的原有定价及类型来决定更换费的高低。更换费金额达到 1.01 美元以上时，读者可以选择使用在线付费。更换费累计超过 100 美元的读者，其外借权利将被终止。读者证遗失或被盗，将收取 1 美元的强制更换费。[32]

7. 申请本系统内其他图书馆的资料

用户可以申请将本系统内其他馆的资料传递至自己选择的图书馆。每次最多可以申请 30 册/件。资料必须是图书馆在线目录中的流通资源。资料送到后将保留 7 天。

研究图书馆的资料只能在本馆内使用（四个研究馆之间可以申请资料传递，但有些资料只能在指定地点使用），不能外借，用户可在线填写表单索取资料。每天最多可以申请 15 册/件其他研究馆的资料，约 90%的申请可以在 24 小时内送达（若资料在本馆，平均需等待 45 分钟）。资料到达后一般保留 7 天。

馆外资料也提供电子传递的形式。用户可申请扫描目录、单篇文章、图书章节或索引等，发送至个人电子邮箱。申请资料的总数不能超过 50 页，一般在 48 小时内回复。每个文档最多可检索 5 次。[33]

8. 馆际互借

若需要申请纽约公共图书馆系统以外图书馆的资料（仅图书、音像资料、缩微胶卷），可以使用馆际互借服务，持证用户可以免费使用馆际互借，馆际互借资料一般 2～3 周内到达。[34]

9. 教育工作者专用读者证

为了促进图书馆在纽约市各级学校中的宣传推广，纽约公共图书馆面向教育工作者（包括幼儿园到 12 年级教育工作者，以及在日托所、度假营、课后补习学校和在家自学者的家长）提供专门的“教育人士读者证”。该证的功能比个人读者证更强：外借上限为一次 100 册/件；图书和有声书不收取滞纳金；申请馆外资料上限为一次 50 册/件；图书或有声书外借期限达60天；可访问上百个纽约公共图书馆的电子资源数据库并下载图书、音乐和电影等。[35]

10. 与其他图书馆系统的合作

持有布鲁克林公共图书馆和皇后区公共图书馆读者证的用户，可以将其读者证关联到纽约公共图书馆的账户，即可在纽约公共图书馆借阅资料。但在纽约公共图书馆流通分馆借的资料不能在布鲁克林或皇后区的公共图书馆归还，从布鲁克林或皇后区的公共图书馆外借的资料也必须归还到各自系统的分馆内。

五 管理与战略

（一）总分馆体系建设

纽约公共图书馆为总分馆管理系统，总馆（中心图书馆）与分馆之间实行统一管理，统一协调文献资源、经费、工作人员等。

截至2020年，图书馆共有92个馆舍，包括四个研究图书馆和88个流通分馆。馆舍分布于曼哈顿（44个）、布朗克斯（35个）和斯塔滕岛（13个）三个行政区，直接服务人口3 439 711人，服务覆盖面积123平方英里（约320平方千米）。[36]平均每3.7万人拥有一个图书馆，平均每1.3平方英里（约3平方千米）设有一个图书馆。

纽约公共图书馆最大的流通分馆曼哈顿中区图书馆于2020年改建后更名为斯塔夫罗斯·尼阿克斯基金图书馆。四个研究图书馆分别是：斯蒂芬·施瓦兹曼大楼（也称人文与社会科学图书馆）；表演艺术图书馆；黑人文化研究中心；科学、工业与商业图书馆。四个馆均位于曼哈顿。2020年，斯蒂芬·施瓦兹曼大楼的“儿童中心”以及科学、工业与商业图书馆的“商业中心”并入斯塔夫罗斯·尼阿克斯基金图书馆。

流通分馆建设充分考虑社区居民的实际需求及多种综合因素。图书馆新馆的设置选址、改扩建、设备添置等，均需经过各利益相关方投票决议。新馆建设遵循城市规划委员会关于城市设施选址的相关标准与要求，分析当地特点和资源条件，涉及婴幼儿出生率和死亡率、建筑或设备利用率、危机反应时间、停车面积、人口比例、城市环境质量、自然地理因素、交通易达到性、周边其他配套设施等。[37]

（二）行政管理架构

1. 图书馆理事会

纽约公共图书馆的最高领导机构是理事会。截至 2019 财年末，理事会由 54 位理事组成，均为纽约市各阶层代表。包括理事长 1 位、副理事长 1 位、理事 52 位，其中终身理事 17 位，其余均为表决理事。终身理事由理事会考核已经卸任理事的工作表现进行任命，并无任期时长的限制。表决理事一般由提名委员会提名，经理事会投票表决产生，任期 3 年，可连任。此外，还有 16 位名誉理事，由连续担任两届理事、持续服务两个 3 年任期，期间对图书馆及社会有突出贡献、卸任时年龄在 70—75 岁的理事组成，任期 1 年。从具体职责看，只有表决理事拥有投票表决权，名誉理事和终身理事能参与相关事宜的讨论，但不能投票表决。[38]

图书馆高级行政领导由理事会任命，包括馆长/CEO、首席数字官、研究图书馆主任、首席分馆官、秘书长、首席运营官、首席外事官、首席投资官、首席财务官，以及分管法律、规划建设、政府社区事务、人力资源、图书馆发展等各领域的副馆长。

理事会下设若干委员会，包括执行委员会、审计委员会、资本规划与设施委员会、薪酬与人才发展委员会、发展委员会、财务委员会、投资委员会、提名委员会、活动与政策委员会。同时，图书馆还有由馆外人士组成的领导委员会，包括馆长委员会、图书馆委员会、教育委员会、表演艺术图书馆商业委员会、舞蹈部委员会及合作伙伴、咨询委员会、图书馆法律委员会、性少数群体（LGBT）倡议委员会、计划捐赠咨询委员会、青年委员会等。

分馆管理体系上，设置了图书馆分馆管理委员会、分馆管理团队、分馆专业咨询委员会。分馆管理委员会由分馆馆长及副馆长、协调管理人员、预算及运营经理、服务协调人员、社区图书馆员等组成；分馆管理委员会每月召开一次会议，负责讨论图书馆新举措、潜在资助机会、预算规划、宣传推广、基建设施需求等问题。分馆管理团队成员从分馆管理委员会中选举产生，每周召开一次会议，负责讨论与政策、预算、设施建设等有关的议题。分馆专业咨询委员会由分馆管理委员会成员、馆外专家、用户读者等组成，负责对馆藏、中心图书馆服务、健康信息服务、社区信息服务、网络活动、素养培育服务、残疾人服务、技术服务等方面提出具体建议，并设立专业咨询小组，协助开展专项工作。[39]

2. 组织机构

纽约公共图书馆下属四个研究图书馆的组织结构清晰，并依据各自的专业研究领域和资源、服务特色，设置相应的部门。[40]

（1）斯蒂芬·施瓦兹曼大楼（人文与社会科学图书馆）

该馆下设常规研究部（General Research Division）、犹太文化部（Dorot Jewish Division）、英美文学馆藏部（Henry W. and Albert A. Berg Collection of English and American Literature）、手稿与档案部（Manuscripts and Archives Division）、地图部（Lionel Pincus and Princess Firyal Map Division）、美国历史、本地历史与家谱部（Irma and Paul Milstein Division of United States History, Local History and Genealogy）、馆藏部（Carl H. Pforzheimer Collection of Shelley and His Circle）、珍本部（Rare Book Division）、艺术、印刷品与照片部（The Miriam and Ira D. Wallach Division）。

（2）表演艺术图书馆

该馆下设电影与磁带档案剧院部（Theatre on Film and Tape Archive）、剧院部（Billy Rose Theatre Division）、舞蹈部（Jerome Robbins

Dance Division)、音乐部(Music Division)、声音记录档案部(Rodgers and Hammerstein Archives of Recorded Sound)。

(3) 黑人文化研究中心

该馆下设艺术与艺术品部(Art and Artifacts Division)、研究与参考咨询部(Jean Blackwell Hutson Research and Reference Division)、手稿、档案与珍本部(Manuscripts, Archives and Rare Books Division)、移动图像及声音记录部(Moving Image and Recorded Sound Division)、照片与印刷品部(Photographs and Prints Division)。

(4) 科学、工业与商业图书馆

该馆主要职能部门"商业中心"于2020年并入纽约公共图书馆最大的流通分馆斯塔夫罗斯·尼阿克斯基金图书馆,下设纽约市小型企业资源中心(NYC Small Business Resource Center)。

(三) 战略规划

纽约公共图书馆的战略使命是:鼓励终身学习、推广知识、强化社区。为了实现这一承诺使命,图书馆依靠三大资源——员工、馆藏以及实体空间和数字空间,为所有纽约市民提供学习和成长的机会。[41]

(1) 通过培养更能干的学习者和研究者来激励终身学习。图书馆:

- 教授学习技巧和信息导航技能;
- 提供工具、资源和工作场所;
- 进行探索性的对话;
- 通过提问和回答来鼓励用户提出质疑;
- 支持创造力、研究和解决问题;
- 把人们聚集在一起,激发创造性的协同效应,开展互相学习。

(2) 通过提供反映纽约全球化观点的免费且开放获取的资源及信息来增长知识。图书馆:

- 识别、获取和保存能够强化自身独特专业领域的资源;

- 与其他组织联系，这些组织的资源与本馆资源相辅相成；
- 激发兴趣，开阔视野，丰富观点；
- 创建工具，使自身的专业领域能够与世界接轨。

（3）通过充分促进公民意识和社会参与来强化社区。图书馆：

- 促进关键技能和能力的发展；
- 提供动态资源，帮助用户了解和融入社会；
- 建造安全可靠的场所，让人们能够享受、尊重和融入社区；
- 提供具有重要历史意义的独特权威资料；
- 把不同的社区凝聚在一起。

当前，纽约公共图书馆实施的战略规划是 2017—2021 服务规划，包括“公共图书馆系统 2017—2021 服务规划”以及“中心图书馆/曼哈顿中区图书馆 2017—2021 服务规划”。[42] 其中，“公共图书馆系统 2017—2021 服务规划”共包含 9 个要素，涉及馆藏发展、特殊用户群体服务、职业发展和培训、咨询服务、协调服务、宣传推广、分馆交流、图书馆系统间合作、建筑施工等。每个要素下设置相关任务，各任务下再设置一系列具体目标（其中有少部分为可选任务和可选目标）。每个目标由目标内容表述、预期结果、评估方法等部分组成。“中心图书馆/曼哈顿中区图书馆 2017—2021 服务规划”共包含 5 大要素，包括基本建设、活动和服务传递、青少年服务、领导者培训和教育、公共服务员工培训和教育。相同的，每个要素包含一项具体目标，包括目标内容说明、完成时限、预期结果、评估方法等四个部分。两份规划的全文见本章末附录一和附录二。

六 技术应用

（一）图书馆移动应用 APP

纽约公共图书馆提供的移动应用 APP 有：

1. 纽约公共图书馆移动应用 APP(NYPL Mobile)

该应用于 2011 年 6 月上线。提供综合性移动图书馆服务，包括登录功能、图书馆新闻（公告）阅读、文献检索、借阅、参考咨询、衍生产品等。其内容实时更新，并提供信息交互入口，可实现用户间互动、用户和图书馆员间信息传递。

2. “纽约公共图书馆狮子系列”移动应用 APP(NYPL Biblion)

该应用全称为“图书馆狮子：无边界图书馆(Biblion：The Boundless Library)”[43]，提供馆内稀有特藏资源。该系列包括“图书馆狮子：科学怪人(Biblion：Frankenstein)”及“图书馆狮子：全球集市(Biblion：World's Fair)”两款应用。前者以英国诗人雪莱的妻子——玛丽·雪莱的名作《科学怪人》(*Frankenstein*)为基础，集成了《科学怪人》中的 1 300 幅图像、音频和视频剪辑、专家叙述及手写原稿，提供社会阅读功能，用户可以跟其他读者进行交流；后者互动式地为读者呈现 1939—1940 年纽约世博会的盛况。[44]

3. “在纽约公共图书馆找到未来”移动应用 APP(Find the future at NYPL)

这是一款探险寻宝类游戏 APP，基于纽约公共图书馆的 100 件改变世界的藏品，旨在帮助民众了解纽约图书馆及这些藏品的相关知识。[45]用户通过学习游戏里的故事，利用手机拍摄馆内的特定物件解锁通关。

4. 电子书阅读平台(SimplyE)

这是纽约公共图书馆于 2016 年 8 月上线的一款移动电子书阅读 APP。此前，用户需要在多个电子阅读应用程序之间切换，并使用其他软件访问图书馆的全部馆藏。现在，SimplyE 解决了这个问题，用户可以在一个应用程序中获得同一级别的访问。持纽约公共图书馆读者证的用户可以免费阅读超过 30 万册电子书。和在图书馆借书一样，每本电子书的许可数量有限，必须等到“电子库存”显示有空缺时才能下载阅读。之后，其更多功能（包括 Kindle Fire 版本、桌面阅读器、MP3 有声读物格式，以及页面书签和文本注释等)陆续上线。[46] 2017 年 6 月，纽约市开通“地铁图书馆”(该项目由纽约地铁和纽约公共图书馆、布鲁克林公共图书馆以及皇后区图书馆合作建设)，纽约公共图书馆向乘客推荐使用 SimplyE 阅读电子书。[47]

2015 年，纽约公共图书馆与美国数字公共图书馆(DPLA)、开源社区“美国跨系统图书馆联盟”(LYRASIS)合作创建了一个全美共享的开放电子阅读平台(Library Simplified)，SimplyE 即该平台下的重点项目。该平台的主要目的是：减少图书馆对出版商的依赖；提供一个更简单、更统一的电子书系统；与用户建立联系；收回受供应商控制的馆藏所有权；关注用户的特殊需求；开发以图书馆为中心的“电子阅览室”，使用户在阅读过程中不再受到供应商广告促销的影响。[48]、[49]

总的来说，纽约公共图书馆移动应用 APP 具有如下特点：APP 服务页面针对不同群体有不同的信息区分，如“今日活动”的信息区，分为成人、青少年、儿童 3 个部分。图书馆 APP 根据用户特点提供比较精准的个性化服务向导，帮助用户获取适合自己的资源和服务，例如针对儿童群体的学习向导、兴趣向导、创造向导，针对亲子的早教向导、课余向导和暑期阅读等。此外，图书馆还将最新的电子书和音频资源信息实时更新至 APP，用户能发现最新到馆的资源。纽约公共图书馆 APP 的设计直观地展现了一个公共图书馆对于大众读书需求的考量。除基本职能配置以外，APP 主页突出标明了电子书和音频、最新到馆书讯、最新预订书籍，以及纽约时报畅销榜书籍。这些内容可以直接诱导读者进行阅读，且每项阅读产品的下端还有读者评论区，人们可以直接了解他人对某一本书的评价，因此其 APP 在内容和形式上更为亲民。

（二）数字人文应用

纽约公共图书馆的一个典型数字人文项目是——基于“数字画廊”(Digital Gallery, DG)的“地图整经机”(Map Warper)项目。

纽约公共图书馆曾组建了一个由业余艺术家、电脑爱好者和人文学者组成的数字实验室，在此基础上诞生了“数字画廊”专业团队，并开展了一系列数字人文项目。其中的“地图整经机”项目于 2010 年发起，其最初来源于谷歌地图。团队尝试在谷歌地图操作界面上增加“时间回返”功能，通过这种方式揭示城市建筑从古至今的变化，在地图上重现历史建筑。地图原始数据主要来源于纽约市内保险及房地产公司，涵盖从 1852—1922 年间纽约州和新泽西州的房地产、郡县市、地形图，包括城市布局、建筑集群和建筑物结构等数据，并特别收录了约 1 000 幅 16—19 世纪的美国东海岸城市图、700 幅 1877—1914 年奥匈帝国地形图。其工作原理是应用地理信息系统的“弹性伸缩”方法，对原始地图进行几何调整，使原始地图重新适配新图。在美国国家人文基金会的资助下，团队将原始地图中包含的街道名称、地址、建筑图纸等信息进行抽取，与图书馆现有馆藏及开放数据地理数据库资源进行整合，制成“纽约市地名年表”(New York City Chronology of Place)，并以数据库的形式帮助用户了解特定历史时期的城市风貌变迁，包括历史照片、餐厅菜单、黄页、建筑许可证、人口普查表等信息。该项目的初始数据是以外包方式与地理数据分析公司合作获得的，保证了分析结果的专业、精准、可靠。对外包合作中的数据管理、项目流程控制等问题，则由图书馆负责。[50]

（三）云计算平台

为了改变老旧的技术和过时的计算能力，纽约公共图书馆将其服务转移到亚马逊网络服务(Amazon Web Services, AWS)上的现代化平台。AWS 是亚马逊公司推出的云计算 IaaS 和 PaaS 平台服务。

纽约公共图书馆在 AWS 上同时运行其主要网站和数字馆藏网站(https://digitalcollections.nypl.org/)。这些网站提供超过 70 万幅图像（包括地图、照片和手稿）的免费公共访问权限。借助亚马逊弹性计算云(Amazon Elastic Compute Cloud)、弹性负载平衡(Elastic Load

Balancing)、亚马逊关系数据库服务（Amazon Relational Database Service）和自动伸缩（Auto Scaling）等技术项目，纽约公共图书馆能够快速构建可扩展、可重复的系统，且只需花费少量成本。图书馆节省了资金，缩短了95%的时间，并且构建了所需的安全基础设施来为公众提供服务。[51]

七 馆舍改造

（一）纽约公共图书馆改建计划

2008年3月，纽约公共图书馆宣布将耗资10亿美元、耗时5年完成一项改建计划，这也是纽约公共图书馆系统问世100年来最大的一次改革。改建的主要目的是使该馆更适应信息技术的迅速发展，在新形势下更好地为读者服务。改建计划包含：(1)把现有研究图书馆改造成现代化的研究兼流通的图书馆，使其成为世界上最大的综合图书馆；(2)在曼哈顿北部和斯塔滕岛建两个地区性中心图书馆，延长开放时间，并与社区中的图书馆合作向当地社区提供基本服务；(3)强化面向全世界的网上服务项目，创建以图书馆馆员和馆长为首的网上社区；(4)提升工作效率，加强筹款，改善图书馆财政状况。这个被称为"中心图书馆计划"的改建项目，重点是把坐落于第五大道上的曼哈顿中区图书馆改造成一个包含流通图书馆、众多计算机终端和咖啡馆的综合性场所。改建内容及特色主要体现在以下几个方面：(1)将过去只提供阅览服务的研究图书馆改建成一个兼作研究和流通之用的中心图书馆；改建后的曼哈顿中区图书馆将成为美国最大的流通图书馆，拥有更多可公开借阅的藏书；(2)在现有图书馆建筑后方的公园地下建书库，将原建筑物中的普通图书转移到新建地下书库的密集型书架上，而非流通图书则将被迁到位于新泽西的书库中；(3)增设电脑和无线上网设备；此外，读者在图书馆闭馆或放假期间也可以在家里通过网络借阅图书；(4)改建后的图书馆每年能接纳400

万人次的读者，是原先的两倍；可同时容纳多元化读者群，包括儿童、学生、学者、作家、企业家等；新建能够容纳至少 400 人的学者和作家中心；为研究人员提供小单间、休息室和供个人使用的书架等；(5)开展更多教育类活动，包括进一步向纽约市公立学校的学生开放馆藏、开设英语课程以满足移民的需要、开展计算机技能培训、引入提高公立学校学生学习成绩的相应计划；(6)在新落成的图书馆内建咖啡馆，并借助翠贝卡公司和喜达屋资本集团的投资，打造一个内含图书馆的酒店公寓大厦。

然而，原计划 2014 年竣工的“中心图书馆计划”受经济衰退影响，加之图书馆领导层变动，计划被搁置。到 2012 年 2 月，纽约公共图书馆又再次将改建计划提上日程。纽约公共图书馆聘请了英国建筑师诺曼·福斯特为位于曼哈顿的图书馆标志性大楼设计 21 世纪风格的内部装饰，同时兼具实用、前卫及节约成本等特点。福斯特表示，改造设计并不是要改变建筑的特色，而是从感觉、细节、材料和照明方面进一步达到一座图书馆所需的氛围。从前未开放的场地将被打开，所有人都能够进入，这也符合该馆在建馆之初确立的免费开放原则，同时推进“学术研究大众化”。福斯特重新分配了建筑西角 7 层楼高的空间，这部分空间收藏有图书，并设置了若干阅览室，读者可以在此阅览。楼层中位于玫瑰主阅览室下方的几个楼层改建后被拆除，改造成开阔的布局。非流通图书被搬到毗邻图书馆的布莱恩(Bryant)公园书库内，占地 3 英亩(约 1 万平方米)。建筑原有的 26 扇大垂直窗、1911 年约翰·卡雷尔(John Carrere)和托马斯·黑斯廷斯(Thomas Hastings)设计的大理石外墙，都作为国家历史地标被保留下来。为表示对“建筑历史性的致敬”，福斯特还保留了一些原有书架，这些书架的边角采用了装饰性的铸铁扣件。实际上，当时的“将很少有人翻阅的老旧图书从地上空间移走，放入地下空间储藏”这一做法饱受争议，虽然此举可以使图书馆有条件展出更多来自纽约其他地区的流行藏品，以及设置一家咖啡馆，但该方案仍然让一些纽约名流惊恐不已，一位著名的纽约慈善家问道："我们真的想在那里开设一家星巴克，而不是存放图书吗？"《纽约时报》的著名建筑评论家迈克尔·基梅尔曼（Michael Kimmelman）则将福斯特的方案称为"狭隘平庸的大杂烩……可能成为工程领域的阿拉莫（Alamo）之战……以及一个金钱陷阱"。对此，纽约公共图书馆馆长安东尼·马克斯解释道："我们想把地上区域留给人使用，而不是用来储藏图书。"又如福斯特所言："这是一个为纽约人打造一处重要公共空间的机会。"

（二）后续改造计划

一个多世纪以来，纽约公共图书馆的存在使社区变得更加强大，并且不断致力于创造满足用户日新月异的需求的图书馆空间。针对遍布布朗克斯、曼哈顿和斯塔滕岛的分馆，纽约公共图书馆还在不断投入资金进行设计改造。近年来，纽约公共图书馆已在全系统范围内投资超过 2.5 亿美元用于改造，并且还有更多项目正在进行中。

通过纽约公共图书馆网站[52]了解到，共有 8 个分馆在开展不同程度的改造翻新项目，分别是：曼哈顿布鲁明代尔图书馆、卡耐基图书馆、斯塔滕岛查尔斯顿图书馆、曼哈顿因伍德图书馆、曼哈顿杰斐逊市场图书馆、布朗克斯梅尔罗斯图书馆、曼哈顿斯塔夫罗斯·尼阿克斯基金图书馆、曼哈顿史蒂芬·施瓦兹曼大楼。

新近完成的项目有：曼哈顿罗斯福岛图书馆，扩大了建筑规模，并增加了急需的公共活动空间和专用的青少年与儿童空间以及成人阅览室；曼哈顿马克姆（Macomb）桥图书馆，设立了专门的青少年空间和儿童空间，为社区提供了更多活动、座席、教室和计算机；布朗克斯范考特兰特（Van Cortlandt）图书馆，馆舍面积增加两倍，为儿童、青少年和参与活动人员提供了专用空间，增设成人阅读室和单独的社区空间，提供更多计算机和笔记本电脑等。

八 人员建设

（一）人力资源建设[53]

纽约公共图书馆共有 2 300 多位员工，分为图书馆员、专业技术人员和一般雇员（包括兼职员工），同时还有 1 600 多位志愿者。图书馆认为员工是最大的财富，是图书馆发展和活力的关键。员工在图书馆工作，能获得专业经验、事业发展和完善的福利。图书馆提供可与全美最佳图书信息机构相比肩的薪酬、医疗和养老保险等福利，每位员工每年至少有 3～4 周带薪休假，假期随着工作年限的增加而增加，使员工能够劳逸结合。图书馆还创新性地提供员工子女帮助计划，提供员工子女和老年父母帮扶咨询、经济和法律援助，另外还提供交通费和停车便利、员工全家文化体育活动减免票、计算机和电子产品等。

纽约公共图书馆向员工提供多种培训，包括工作技能、人际交流技巧、领导和管理技巧等，定期聘请世界图书馆界专家举行讲座，使员工了解图书信息学科和专业发展趋势。图书馆还向普通大学生和图书馆专业研究生提供多种实习机会。根据图书馆发布的招聘信息，可以大致了解一些纽约公共图书馆对专业馆员的职业要求。例如，对于流通分馆资深馆员要求会使用基本图书馆技巧，提供前台服务；承担技术、服务和专业职责，与团队合作；辅助馆藏发展、社区宣传和公共服务；管理信息资源，帮助读者使用网络和电子资源；任职资格方面则要求是美国图书馆协会认证的图书信息专业硕士，有很好的人际交流技巧和书写技巧，致力于公共服务，适应多样化工作环境，熟悉参考咨询资源，并且最好有儿童服务经验。

纽约公共图书馆还专门设立奖项，奖励工作表现突出的员工，其中最重要的奖项之一是琼·坎贝尔（Jean M. Campbell）杰出员工奖，每年颁发给做出突出贡献的一位公共服务馆员，尤其是在以下方面做出杰出贡献的参考咨询馆员：参考咨询/服务和信息导航；参考咨询/技术应用创新；参考咨询/工作创新；帮助和完善公众参与终身学习活动、读书、信息素养培训。

（二）志愿者项目

纽约公共图书馆对志愿者服务工作非常重视，提供丰富的志愿者服务项目，用户在图书馆网站上能方便地找到志愿者岗位和申请入口，只要承诺六个月内每周至少能够进行一次志愿者服务就可申请成为志愿者，另外年龄在14至21岁之间的青年也可以申请成为活动志愿者。纽约公共图书馆的志愿者服务不局限于图书馆业务工作本身，志愿者服务项目类型多样、内容丰富，并呈现出较高的服务水平，担当起图书馆作为社会公益组织对社会所承担的责任和使命，较好地服务图书馆，服务成人需求与教育，服务青少年教育，服务社区文化建设。志愿者服务项目有：教授西班牙语、辅导家庭作业、成人数学辅导、珠宝制作志愿者、各类活动志愿者、问询处志愿者、社区口述史项目志愿者等。

（1）与图书馆业务相关的志愿者服务项目

主要有：1)图书归类助理。志愿者协助图书馆整理、上架、排架图书。2)问询处志愿者。志愿者要了解纽约，热爱图书馆并熟知图书馆的背景知识，除了英语外还会另一门语言，以便为来自世界各地的游客提供了解图书馆、了解纽约的服务，此外还需帮助分发和回收语音导游设备及导游手册。3)在线志愿者。志愿者协助图书馆帮助读者对特藏资源进行随时随地的在线访问。

（2）与知识辅导相关的志愿者服务项目

主要包括：1)创新实验室。该项目为六年级到八年级的中学生提供单独的课外辅导和帮助。“创新实验室”给孩子们提供众多机会，志愿者运用基于项目的教学方法，辅以多媒体电子手段，为学生提供单独辅导。项目以其特殊轻松的学习环境，帮助孩子们获得21世纪的必备技能，并形成对自我身份的认同。项目贯穿学期始末,极大丰富了孩子们的课余生活。2)帮扶项目。该项目是中心图书馆助力纽约市青年成长的最新举措,致力于帮扶资源匮乏社区的高中生,使他们能够在未来的大学生涯和以后的人生中取得更多成功,该项目在纽约的布朗克斯和曼哈顿都建立了安全的活动平台,让学生们可以聚集到一起,共同发展自己的兴趣和创造力,以实现学习水平和社交技能共同进步的目标。多数情况下,参与该项目的高中生每天都能够从志愿者辅导老师那里获得学业帮助。志愿者可以帮助学生学习四门主干课以及开展创造力和数字艺术的学习。除了帮助学生学业学习外,志愿者还需要协同图书馆工作人员做一些准备工作,例如给笔记本充电、复印、整理材料,为学生们准备下午茶等。3)家庭作业指导老师。志愿者在每周一到周五的课后时间帮助小学生和青少年完成家庭作业,这对那些写作业有困难的学生产生很大的积极影响。4)西班牙语和法语助手。志愿者在课后帮助指导青少年学习法语和西班牙语。5)国际象棋教师。一些图书馆的志愿者能够辅导儿童和青少年学习国际象棋。6)图书馆成人作者强化班引领者。该活动是让参与者形成团队并促进彼此写作。有经验的志愿者帮助团队建立组织结构并给出有助益的提示。

(3) 与社区建设相关的志愿者服务项目

如社区口述史项目大使,担当社区大使的志愿者拥有良好的团体协作经验,他们代表纽约市公共图书馆,积极组织筹划,对社区民众进行访谈,并记录下有关纽约市的口述历史,总时长已超过 1 200 小时。[54]

九 交流合作

(一) 交流活动

组约公共图书馆常年举办各种交流活动,并邀请市民参与,内容涉及各行各业。通过研讨会、培训班、朗诵会、电影放映、节目表演等形式使读者更好地利用馆藏、理解馆藏、研究馆藏，也使图书馆服务与市民生活需求紧密相关。这些活动包括：（1）现场（Live）活动：目的在于启发心灵，传播新颖观念，形式有对话、现场辩论和表演等；（2）学者和作家合作中心活动：邀请市民通过利用馆藏进行项目研究，交流思想，举办公共论坛；（3）教师中心活动：这是有利于教师职业发展的活动，为教师提供机会增强对历史和文学的理解，同时促进师生交流；（4）图书讨论：流通分馆定期举办读书讨论活动，由经验丰富、训练有素的专业人员引导；（5）定期图书朗诵活动（Periodically Speaking）：纽约公共图书馆与美国文学杂志和出版社委员会共同主办，为新晋作家提供场地朗诵他们的作品，强调文学杂志和图书馆收藏的多样化；（6）少儿现场活动（KidsLIVE and TeenLIVE）：面向儿童和青少年的活动，意在通过激发思想的对话和辩论，使儿童和青少年有机会与作家、艺术家、电影演员、音乐家和时尚界人士同台演讲和表演。

（二）合作项目

1. 众包项目

众包（Crowdsourcing）是指"一个公司或机构把过去由员工执行的工作任务，以自由自愿的形式，外包给非特定的（通常是大型的）大众网络的做法"。这种任务建立在互联网基础上，由相关专业人士或志愿者利用空闲时间通过网络来完成，任务的报酬是不确定的，多半很少甚至是无偿的。与外包这种购买外部资源的商业活动不同，众包是一种无成本的与用户共同创造价值的理念。2011 年，美国纽约公共图书馆为了将馆藏古籍善本中的一些菜单图片转换为可检索的文本，采用众包模式，在图书馆主页发布众包信息，并且采用积分制贡献排行榜的激励方式让用户协助摘抄古籍中的菜单。截至 2015 年，用户已经将 1 325 403 个菜名从 17 538 份菜单中摘录出来。与单纯依靠图书馆员工相比，通过众包模式建设特色数据库不仅节约了成本，提高了效益，同时也吸收了来自社会的多样性、差异性和创新性力量。[55]

2. 与出版商合作

2017年，纽约公共图书馆和出版社麦克米伦（Macmillan）公司宣布一项合作，内容是让出版社出版受欢迎且源自纽约公共图书馆的儿童和成人图书，这一合作使图书馆的著名馆藏可供更广泛的受众使用。纽约公共图书馆对外事务办公室主任凯莉·韦尔奇（Carrie Welch）表示，图书馆曾经有过一个出版部门，而且在2014年与麦克米伦出版社接触后，她开始产生利用出版来增加纽约市以外的受众获取纽约公共图书馆馆藏的想法。此项合作并非独家，图书馆学者仍可以通过媒体或以个人名义出版作品，图书馆也仍将继续制作馆藏目录和与出版社签订的合同之外的其他资料。麦克米伦出版社计划出版与图书馆有关的书籍有：麦拉·卡尔曼（Maira Kalman）所著有关图书馆的书；展示Instagram帖子中有关图书馆"bookface"主题照片的《Book Face》；一些罕见和专业的资料，如一本关于纽约餐厅生活的书，其中包含了纽约公共图书馆收藏的45 000个菜单；针对儿童的涂色书《给狮子涂上颜色》，让小朋友给纽约公共图书馆标志性入口处的石狮子雕塑涂上色彩；一部讲述一个住在纽约公共图书馆中的家庭的真实小说等。一些稀有和绝版作品也有可能重新出版。[56]

3. 与非营利组织合作

2016年12月，纽约公共图书馆与非营利组织Benetech建立合作伙伴关系。Benetech的"图书分享"（Bookshare）计划旨在争取为有阅读障碍的用户提供来自纽约公共图书馆的超过370 000册的电子书访问权限。尽管"图书分享"计划获得了美国教育部特殊教育计划办公室的奖励，为所有医学鉴定残障的美国学生免费提供其收藏，但是对于残障的成人、老年人和其他非学生人士来说，则需要支付25美元的注册费和50美元的年订阅费。通过纽约公共图书馆免费为残障人士提供图书馆资源访问是"图书分享"计划与美国图书馆的第一次合作。对于有阅读障碍的读者，如失明、阅读障碍或严重影响阅读的身体残疾等，"图书分享"计划将向其提供无限制访问畅销书、儿童图书、小说、非小说、教科书、教育资源等服务。虽然近年来用于制作有声读物的文本语音技术（TTS）已经有了很大的进步，但基于当下流行的设备，如安卓（Android）、苹果（iOS）等平板电脑上的文本阅读功能没有正确的格式化，无法进行制作，Benetech 正在不断克服挑战，为残障人士创造更多的“原生无障碍”电子书。[57]

（三）与读者紧密联系

纽约公共图书馆理事会成员为各界代表，图书馆高级管理人员由理事会任免，因此图书馆从根本上与市民读者关系密切。即使纽约公共图书馆在着手准备馆舍改造计划期间，还专门开辟网页，邀请市民参与回答“纽约人希望图书馆在未来具有什么形象”这个问题，目的在于重塑图书馆形象，使所有人可以到图书馆寻找新灵感和新观念，促进团体合作。纽约市民积极响应，一些知名学者也在各种报刊上发表意见，联名写信，馆长也亲自作答。图书馆改造计划在尚未正式开始前，就向市民广而告之相关计划的内容，邀请市民积极参与，这一互动使得纽约公共图书馆在宣传图书馆作用、促进与市民交流方面取得了很大的成效。

（四）图书馆奖项[58]

纽约公共图书馆每年颁发很多奖项，奖励读者和杰出人士。这些奖项包括：1）马赫斯特恩奖。每年颁发给杰出的图书馆馆长及其员工。2）密涅瓦奖（1997—2003 年）。授予纽约市公立高中每年的荣誉毕业生。3）幼狮小说奖。设立于 2001 年，每年春季授予 35 岁及以下小说或短篇小说集的作者，奖金为 10 000 美元。4）海伦·伯恩斯坦新闻卓越奖。自 1988 年以来，每年颁发给那些引导公众关注重要问题、事件或政策的记者，奖金为 15 000 美元。5）以斯拉·杰克济慈奖。与以斯拉·杰克济慈（Ezra Jack Keats）基金会共同授予有潜力的新儿童读物作者。6）纽约市邻里图书馆奖。表彰纽约市内为社区提供卓越服务的五个当地图书馆，每个获奖馆将获得 20 000 美元奖金，这是美国国内所有授予图书馆分馆的奖项中奖励力度最大的一个奖项。7）吉恩·坎贝尔奖。表彰在过去一年中为改善公共参考服务做出杰出贡献的纽约公共图书馆工作人员。

（五）赞助项目

由于纽约公共图书馆获得的政府资金仅可支付一部分运营费用，因而在此限制下，需要依靠各界的捐赠来维持图书馆为全世界的人们提供重要服务，捐赠形式有：个人捐赠、付费入会、企业支持、活动赞助、基金会支持等。由于这样的制度，图书馆与社会各界人士、企业之间产生了紧密的联系，并且收获了一大批乐于支持纽约公共图书馆事业发展的热心伙伴。

十　图书馆营销

纽约公共图书馆主要通过社交媒体营销和图书馆文创两种方式，有效宣传推广自身服务内容和特色项目。

（一）社交媒体营销

纽约公共图书馆在各大主流社交媒体平台（Facebook、Twitter、YouTube、Instagram 等）均设有专门账号，拓展图书馆各类服务资源和活动品牌的宣传推广与营销渠道，有效提升了图书馆在社会上的知名度和影响力。图书馆利用各种社交平台的不同功能定位，实施不同的营销业务，分别用于开展图书馆资源发现及用户交流，推荐图书馆新服务和新资源，发布图书馆最新动态，分享图书馆举办的各类活动，为专业用户提供定题帮助，以及免费提供电子资源阅读等。形式上包括发布文字、图照、视频，开设直播以及设计互动游戏等。纽约公共图书馆利用社交媒体开展服务营销的模式，已取得了显著效果。例如其在 Instagram 平台上开通的“照片墙小说”（Insta Novels）项目，2018 年推出后仅一年时间，关注人数即上涨了 13 万，超过 30 万人通过该平台阅读了小说。[59] 其开通的“图书馆谈话”和“图书馆员”热门文学专题播客，在 2018 年获得 140 万次的免费下载。

1. 营销工作机制

纽约公共图书馆设立营销部作为开展营销工作的具体责任部门，负责制定社交媒体营销的有关政策、工作任务及流程，图书馆其他部门则对营销部工作给予支持。营销部负责人具有极强的战略规划、组织协调能力及丰富的营销工作经验，营销工作团队并不仅限于营销部，而是来自图书馆各个部门、各种不同学科背景、具有不同专长的馆员。由于社交媒体的开放与自由会带来一些不安定因素，如隐私安全、资源与系统安全、版权隐患、声誉损害等，因此营销部设计了社交媒体危机应急预案，可迅速响应危机。此外，为衡量营销的有效性，还设置了社区成长度（Community growth）、品牌提及度（Brand mentions）、品牌情感度（Brand Sentiment）、交互性（Interactions）、分享度（Shares）、图书馆网站点击量（Referrals to nypl. org）、点击行为（Click behavior）和邮件点击率（Email Open/CTR）等 8 项指标，对营销效果进行分析。[60]、[61]

2. 营销工作策略

纽约公共图书馆将大量线下活动逐步扩展到线上社交平台，促进用户在线交流，并依托全国性大型活动等，与其他机构合作开展宣传，或邀请社会各界名人参与有关项目的推广，有效提高图书馆的透明度和用户关注度。同时，图书馆充分发挥用户的自主性，将一些资源建设类的项目设置为在线众包模式，吸引大量用户的参与，例如其数字人文特色项目“数字画廊”就在多个社交平台上建立了众包通道，吸引了众多业余艺术家、电脑爱好者和人文学者参与建设。

（二）图书馆文创

纽约公共图书馆设有两家主要的文创产品商店。其一是位于斯蒂芬·施瓦兹曼大楼（人文社科研究图书馆）的“读者与作者商店（Readers & Writers Shop）”，面积约 1 200 平方英尺（约 110 平方米）。其二是位于黑人文化研究中心的文创产品商店（The Schomburg Shop）。前者是面向所有年龄段的图书爱好者和文学爱好者的综合性商店，店内提供上千种文创产品，包括古典和当代图书，各类独特的文化礼品和纪念品[62]；后者主要提供与全球黑人历史相关的产品。[63]

1. 文创产品分类

以“读者与作者商店”为例，其文创产品的种类十分丰富，包括纽约图书馆特色文创产品、珠宝饰品、办公文具用品、日常生活用品、儿童用品、书籍、礼品等。按内容主题分类：第一类是根据图书馆特色元素和标记符号设计相关产品，如印有馆名、馆徽、大理石狮子和玫瑰阅览室等建筑标志或图书馆名言的杯子、包袋、服装等；第二类是按照文学衍生主题设计系列产品，如馆藏图书的衍生系列、阅读系列（读书名言、阅读推广）和文学作品系列（文学家、作品名、作品人物）等；第三类是基于地方文化符号设计的产品，如纽约城市名称、地图和昵称“大苹果”（纽约别称）的手表、包袋、茶巾等。[64]

2. 文创设计理念

纽约公共图书馆的文创产品设计思路主要包括两大理念：一是针对不同群体开发多元化产品，例如针对少年儿童、教师、女性、职场人士等分别设计个性化产品；二是注重文化传承和影响，例如充分使用图书馆名言、阅读与文化、经典文化名人及经典作品、图书馆特藏资源、当地文化符号等元素，设计具有文化传承性和影响力的产品。[65]

（撰文：曲蕴、王晓樱）

附录一

纽约公共图书馆系统2017—2021服务规划全文

要素一：资源共享

任务1：馆藏合作发展

● 目标1：在接下来的五年里，纽约公共图书馆的研究图书馆将继续获取、维护和许可使用电子信息，与“曼哈顿研究图书馆倡议”(Marli)等合作伙伴在高优先级领域内更频繁地合作，包括历史报纸及学术和大学出版电子书的在线回溯等。在改造曼哈顿中区图书馆的过程中，为了准备将科学、工业与商业研究图书馆升级为新型商业图书馆，纽约公共图书馆会继续将主要的纸质期刊和参考资料转换为在线格式。

预期结果：1)用户可在现场和远程访问更多信息；2)图书馆将为高需求地区提供支持。

评估方法：1)数字可发现性(馆藏支出百分比转变为电子资源支出百分比)；2)电子资源使用统计调查。

● 目标2：通过购买适当的数据库和其他基于网络的内容(包括电子图书、视频、音频和其他新兴格式，供现场和远程使用)，扩大和保持对电子资源的访问，包括英语和英语以外的语言。

预期结果：1)图书馆资源的可用性，这些资源无论在任何地方、任何时候都是可用的；2)由于成本和空间限制，能高效且有效地分配那些在所有场景下无法以印刷格式提供的资源。

评估方法：1)以新格式提供的资源项目数量的定量分析；2)对流通量和其他利用情况统计进行定量分析。

● 目标3：美国研究馆藏储存联盟项目(ReCAP)将确定未来合作馆

藏发展协议的优先事项，尤其是与低使用率的外语资料有关的优先事项。

预期结果：1)减少低使用率资源的复本量；2)扩展纽约公共图书馆及其合作伙伴正在收集的用于共享的馆藏内容；3)延迟在 ReCAP 上构建未来存储模块的需求。

评估方法：合作伙伴将根据供应商和使用数据来制定有意义的定量和定性评估方法。

- 目标 4：纽约公共图书馆的流通分馆将具有以多种格式(印刷、数字等)创建和维护馆藏的组织能力，以支持向所有用户提供服务。

预期结果：向各年龄段用户提供广泛资源，提供的馆藏和服务能够反映图书馆服务的独特社区中人们的需求和兴趣。

评估方法：1)馆藏量统计；2)资源流通量和使用统计；3)关于流通量和馆藏量的正式用户调查反馈。

- 目标 5：继续实施技术解决方案，使纽约公共图书馆、哥伦比亚大学和普林斯顿大学(位于新泽西州普莱恩斯伯罗的联合共享高密度远程存储设施 ReCAP 的合作伙伴)能够共享印刷馆藏。

预期结果：1)ReCAP 项目合作将继续加强；2)全面实施后，用户将能够无缝获取更多资源，包括 ReCAP 合作伙伴拥有的资源；3)用户将获得 ReCAP 合作伙伴发布的实时状态信息；4)评价馆藏评估工具第二阶段开发的可能性和优先顺序。

评估方法：1)中介软件将允许合作伙伴在 ReCAP 上识别和管理共享馆藏；2)系统将允许收集使用统计信息。

任务 2：一体化图书馆系统

- 目标 1：采用或适应一体化图书馆系统，允许定制前端解决方案以及与其他数字图书馆服务的数据交换，包括 SimplyE 电子书阅读平台。

预期结果：1)纽约公共图书馆拥有广泛灵活性，能够选择适合于其书目的前端用户界面层；2)图书馆信息系统(ILS)是强大并且开放的，而且支持其他系统和服务。

评估方法：在 ILS 及 SimplyE 上建立服务使用及用户满意度调查统计。

任务 3：传递

● 目标 1：布鲁克林和纽约公共图书馆共享集成技术服务（称为 BookOps）。由双方共同管理和资助，负责满足各机构的战略馆藏管理和分配需求。

预期结果：1）提高效率和节约成本；2）整合采购、馆藏发展、选择获取、编目、加工，并提供可靠、高效的取送服务。

评估方法：1）流通量统计；2）反映有效选择流程和及时接收分馆资源的消息及统计数据。

任务 4：馆际互借

● 目标 1：提供及时和有效的馆际互借服务。

预期结果：1）用户增加对内容和馆藏的访问；2）持续并提高馆际互借合作。

评估方法：通过馆藏和统计分析反映馆际互借服务得到更多使用。

任务 5：数字馆藏访问

● 目标 1：不断改进官网和移动应用程序，以增强用户体验。

预期结果：1）用户在线访问时获得更加满意的体验；2）图书馆网站上新增可用的视听资源。

评估方法：1）致力于持续改进网站的员工；2）数字资源使用统计的收集和分析（通过谷歌分析）；3）网站上提供的纽约公共图书馆公共活动流媒体文件；4）数据库使用统计的收集和分析。

任务 5 的其他可选目标：

● 目标：尽可能让更多人对纽约公共图书馆的数字化馆藏进行有意义的访问。

预期结果：在线服务可访问性获得改进。

评估方法：1）致力于持续改进网站的员工；2）数字资源使用统计的收

集和分析(通过谷歌分析和其他信息集合)。

● 目标：继续开发、维护、促进 SimplyE 以及纽约公共图书馆开放获取电子阅读应用的采用和使用。

预期结果：1)用户能够通过单一的应用浏览、外借、阅读各种不同来源的电子内容;2)电子书馆藏得到更广泛的使用;3)拓展和增加 SimplyE 的使用。

评估方法：1)馆藏及内容可以在线发现,且能够通过谷歌等搜索引擎发现;2)数字资源使用统计分析。

● 目标：增加对数字媒体的保存,尤其是那些独有且面临风险的音频和移动图像资源。

预期结果：1)纽约公共图书馆将强化基础设施以支持数字及原生数字内容的保存;2)更多资源将获得保存及安全收藏。

评估方法：1)面临风险的音频和移动图像资源的可持续存储及优先级;2)保存内容数量统计。

要素二：特殊用户群体

任务 1：成人素养

● 目标 1：通过提供资源和服务改善用户的英语能力,包括适合于成年新用户及母语非英语人士(ESOL)学生的课程。

预期结果：1)改善 ESOL 学生的英语读写能力;2)加强适用于成年新用户和 ESOL 学生的终身学习馆藏建设。

评估方法：1)ESOL 课程注册及持续学习的统计数据;2)学生调查;3)流通量统计;4)案例信息。

● 目标 2：1)持续评估和更新 ESOL 方案,以满足学生需求和相关人群;2)提供新方案,例如,公民教学以及按照需求制定的技术型学习。

预期结果：强化并增加访问 ESOL 教学以及独立学习的机会。

评估方法：1)流通分馆内所提供活动数量的统计数据,ESOL 课程注册以及持续学习的统计数据；2)学生调查；3)流通统计；4)案例信息。

任务2：协同延伸

● 目标1：多元文化群体将更好地了解图书馆资源以及更频繁地访问这些资源。

预期结果：1)纽约市的多元人口可以享受到一系列教育、信息和多元文化活动；2)强大的多语言和多民族馆藏。

评估方法：1)流通分馆内所提供活动数量的统计数据，来自员工和客户的案例反馈；2)来自员工以及移民服务机构和组织的案例信息；3)多语言馆藏的规模及广泛性。

● 目标2：视障用户将能够获取图书馆中适合他们的资源、活动和服务。

预期结果：安德鲁·海斯克尔(Andrew Heiskell)盲文和有声书图书馆的用户将：1)能够访问一个热情、舒适、安全的图书馆；2)能够准确、及时地响应信息请求；3)能够访问各种格式的资源以及关注当前兴趣的活动和服务，提供娱乐活动和体验，满足他们在学校取得成功或提供继续教育或个人成长机会的需求。

评估方法：流通统计，用户调查，门禁统计，活动参与统计。

● 目标3：因年龄和残障等原因受到访问限制的人将能够有意义地访问图书馆资源。

预期结果：1)在该领域持续发展相关政策、指南、活动及员工培训；2)图书馆拥有可以帮助残障人士的自适应技术。

评估方法：1)流通统计以及来自员工和用户的案例报告；2)自适应技术设备清单；3)关于使用自适应技术的统计数据。

● 目标4：为商务人士、企业家、未充分就业者和失业者提供强化的馆藏、活动和服务。

预期结果：纽约公共图书馆提供特殊资源以支持劳动力发展和职业技能发展。

评估方法：1）工作与技术活动统计；2）流通统计；3）为小企业及就业培训服务提供商提供延伸服务。

任务3：州立和县立纠正机构

● 目标1：市政监狱内的服刑用户将能够访问侧重于他们当前兴趣的图书馆资源，并获得满意的信息和娱乐体验；同时，他们将获得其他一些参与亲子早期素养培育活动的机会。

预期结果：增加基于囚犯选择和阅读他们感兴趣书籍（适合于他们的语言和阅读程度）的机会；增加这类群体参与各种图书讨论小组及诗歌与文学研讨会等活动的机会。

评估方法：使用情况和活动统计；服务提供过程中来自用户的案例报告；用户反馈信；文学活动参与者的预评估和后评估调查。

● 目标2：市政监狱内的服刑人员能够获取图书馆资源和活动，从而帮助他们重返社会。

预期结果：纽约公共图书馆将发表年度"连接性"指南，提供有关适应调整、教育、就业、住房及其他领域的优质信息和参考。图书馆将发起一项有关使用"连接性"指南的新试点项目。此外，纽约市的服刑人员将使用纽约公共图书馆的邮件参考咨询服务获取关于回归社会的信息以及其他支持终身学习的信息。

评估方法：活动参与度统计；服务提供过程中来自于用户的案例报告；用户通过邮件反馈的信息。

任务4：不包括早期素养在内的18岁以下青少年服务

● 目标1：扩展面向儿童和青少年的校外活动及服务种类，尤其是在家庭作业支持方面。

预期结果：儿童和青少年将获得高质量、适合年龄的家庭作业辅导和反映其兴趣爱好的活动项目。

评估方法：员工及用户的案例报告；活动统计。

● 目标2：幼儿园到12年级的学生将通过"我的图书馆NYC/教育合

作部门”获得他们在学校中取得成功所需的资源和服务。

预期结果：1)教师将在课堂教学或家庭作业中利用公共图书馆资源；2)更多的儿童和青少年将接受帮助，以便查找和使用他们需要的资源完成家庭作业；3)图书馆将满足更多幼儿园到12年级学生的信息需求；4)更多青少年和年轻成年人资源的流通；5)更多学生参与图书馆的班级访问活动。

评估方法：儿童和青少年调查；网站统计；流通统计；活动统计。

● 目标3：提供馆藏、活动资源以及通过合作，帮助年轻人及其父母或监护人为上大学或就业做准备。

预期结果：青少年及其父母或其他监护人获得成功开展研究和申请大学或工作的资源。

评估方法：活动统计；案例反馈等。

任务5：面向出生至学龄期儿童及其父母或监护人的早期素养培育

● 目标1：增加社区图书馆开展密集早期素养培育活动及相关资源的数量，通过员工培训提升活动质量，了解儿童发展和基于研究的早期学习最佳实践。

预期结果：1)增加整个图书馆系统的活动数量；2)将家庭素养研讨会的数量扩展到84个地点；3)扩大早期素养馆藏，以支持在家学习。

评估方法：活动参与调查；活动统计；员工发展活动和培训会。

任务6：其他可选任务及目标

任务6.1：大学生群体

● 目标：联系接触研究生、大学生、高中生及教师，扩大所有研究图书馆的教学服务。

预期结果：提高对高等教育社区研究图书馆资源的认识和利用。

评估方法：教育延伸服务统计数据收集与分析。

任务6.2：幼儿园到12年级教育工作者及其学生

● 目标：通过拓展教育和学习机会，利用图书馆享誉世界的资源，教育未来的研究者和创造者。

预期结果：纽约公共图书馆将成为教育工作者和学生们更有价值的资源。

评估方法：接受服务的教育工作者的访问及使用统计；课程访问；教育工作者可获得及可使用的教育资源进一步增加。

任务 6.3：为纽约城市大学（CUNY）的学生和教职工提供服务

● 目标：为纽约城市大学（CUNY）的学生和教职工提供重要的资源和服务。

预期结果：城市大学的学生和教职工将拥有成功开展研究和获取奖学金所需的馆藏和支持。

评估方法：收集和分析教育服务延伸的统计数据和注册用户概况；分析满足学生需求的馆藏增长量。

任务 6.4：职业相关服务，为企业家和小企业主提供服务

● 目标：向经济发展组织、小型企业服务组织以及现有或潜在的企业主进行宣传，并向这些用户和其他需要技术和商务信息的用户提供服务。

预期结果：服务于经济发展组织、小企业服务组织、现有或潜在企业主的研究和信息需求。

评估方法：对科学、工业与商业图书馆使用统计数据以及对改造后的曼哈顿中区图书馆的术来相关空间信息进行收集和分析。

任务 6.5：非洲和非洲移民历史的研究与保存

● 目标：通过黑人文化研究中心保存和提供记录非洲后裔的资源。

预期结果：支持非洲和非洲移民历史的学术研究和保存项目；这些资源可供学术界、教育界和其他用户社区使用，同时在中心内开放新空间和改造空间，包括改造移动图像、录音和手稿、档案及珍本部。

评估方法：对黑人文化研究中心的馆藏和使用统计数据进行收集和分析，包括参考咨询服务、活动、新资源、内部使用和课堂访问。

任务 6.6：为表演艺术社区服务

● 目标：通过表演艺术图书馆，支持当地和全球表演艺术社区的研究需求。

预期结果：提供表演艺术方面的学术研究、教育和新工作。

评估方法：使用统计数据收集和分析，包括流通量、活动、新资源、参考咨询服务、内部使用以及在表演艺术图书馆的课堂访问。

要素三：职业发展和培训

● 目标 1：支持一个适用于员工培训和发展的组织结构，从而满足所有级别以及所有部门内所有员工的需求。

预期结果：向员工提供可持续和一致的培训课程方案。

评估方法：课程和方案的一致评估及修订；案例报告；员工培训调查。

● 目标 2：在整个机构中识别和培养新的领导者，并为他们提供成功所需的技能。

预期结果：1)开发一个由人力资源部门支持和实施的新的可持续的员工管理培训计划；2)鼓励员工考虑自身在纽约公共图书馆的未来；3)员工对自己的领导能力更有信心。

评估方法：1)年度管理培训计划，包括来自整个机构的参与者；2)通过全体参与者的反馈，对培训的每个部分进行持续的书面评价。

要素四：咨询与开发服务

● 目标 1：管理员工招聘、安置、福利、工资、反歧视行动、劳资关系与安全。

预期结果：令人满意的、多元化的、高品质的员工。

评估方法：员工案例反馈；招聘与人员保留记录。

● 目标 2：增加年度私募资金，用于支持图书馆系统的发展。

预期结果：用于现有服务和新举措的可靠且可持续融资。

评估方法：总募集金额及总拨款额的年度报告。

- 目标3：编制和管理年度运营预算。

预期结果：有效且高效地分配图书馆资源。

评估方法：年度运营预算和季度报告。

- 目标4：编制维护多年度财政计划。

预期结果：图书馆长期财政稳定性。

评估方法：年度运营计划和报告。

要素五：用户协调服务

任务1：虚拟参考咨询

- 目标1：图书馆的参考咨询服务"Ask NYPL"电子邮件、交流参考咨询及用户服务的所有用户，他们的信息咨询以及在使用图书馆资源上遇到的困难，都将获得准确、迅速的回应和帮助。

预期结果："Ask NYPL"的员工及其他受过专业训练的职员将迅速并以较高准确度回答用户在电子邮件和交流过程中提出的问题。

评估方法："Ask NYPL"服务统计；用户满意率增长；新老用户的咨询数增长；降低平均解答时间和平均处理时间。

任务2：数字服务

- 目标1：继续通过先进的想象实验室开展大规模数字化访问活动，并且通过协同工作，确保每年有数千件独特稀有的资源被数字化。

预期结果：1)为支持数字化内容的不断增长和长期保存而开发技术基础设施；2)纽约公共图书馆继续作为美国数字公共图书馆(DPLA)的内容中心。

评估方法：数字馆藏平台分析；数字化项目统计等。

要素六：认识与宣传

- 目标1：创建和实施基层活动，以便保持和扩大来自市、州和联邦政府的资金支持。

预期结果：1)与政府和用户社区建立全年合作关系，以便使他们更好地了解图书馆所提供的内容以及图书馆运行所必需的资源；2)确保在支出和资本预算中为图书馆倡议提供资金。

评估方法：为费用预算和资本预算中的图书馆举措提供资金担保。

要素七：分馆间交流

● 目标1：在图书馆系统内实现有效、高效的交流。

预期结果：1)工作人员将能及时地收到相关信息；2)在整个图书馆系统内提供一致的公共服务。

评估方法：1)定量统计，包括与各级别的员工和专门工作组举行会议；2)案例报告，关于在员工间创建和使用专门交流渠道来共享信息；3)其他非正式交流机会。

要素八：与其他图书馆系统的协同

● 目标1：加强与布鲁克林和皇后区公共图书馆系统的合作，保障纽约市的优质公共图书馆服务。

预期结果：1)对所有三个图书馆系统增加城市融资和支持；2)在所有五个行政区内实现一致并经过改进的图书馆服务；3)试点合作开发计划。

评估方法：合作项目与举措的案例和统计分析。

● 目标2：加强研究图书馆与美国研究馆藏储存联盟项目(ReCAP)、曼哈顿研究图书馆倡议(Marli)、美国高校数字图书馆(HathiTrust)及研究图书馆中心的合作。

预期结果：更好地利用和参与本地与国家的合作力量。

评估方法：合作项目成功案例及统计分析。

● 目标3：纽约公共图书馆将通过为各群体服务来参与全纽约州的图书馆服务及政策发展。

预期结果：更好地利用和参与本地与州的合作力量。

评估方法：合作项目成功案例及统计分析。

● 目标 4：加强与政府机构、教育部门、公园和娱乐部门、布鲁克林和皇后区公共图书馆的合作，成功设计和实施全纽约市的暑期阅读活动。

预期结果：1）共享暑期阅读市场营销资料，包括书单、共享网站；2）增加并持续促进学校和社区的暑期阅读；3）增加参与暑期阅读的儿童和青少年人数。

评估方法：暑期阅读相关案例的统计和分析，包括提供的暑期阅读项目数量、活动参与度、网站访问及青少年和年轻成人读物的流通量。

要素九：建筑施工

● 目标 1：2017—2020 年间，成功实施第一阶段"纽约市中心图书馆计划"：1）在斯蒂芬·施瓦兹曼大楼建造一个回转空间；2）推动馆藏和服务的转移；3）改造曼哈顿中区图书馆，重新开放后将进一步扩展活动。（具体见中心图书馆规划）

预期结果：1）改造斯蒂芬·施瓦兹曼大楼的回转空间；2）对曼哈顿中区图书馆和斯蒂芬·施瓦兹曼大楼进行重新定位；3）在曼哈顿中区创建一个先进的流通图书馆。

评估方法：及时满足项目标准并成功执行。

● 目标 2：2017—2020 年间，成功实施第二阶段的"纽约市中心图书馆计划"：把科学、工业及商业图书馆的馆藏和活动转移到改造后的曼哈顿中区图书馆和斯蒂芬·施瓦兹曼大楼。

预期结果：为求职者、小企业主及企业家和经济发展组织，扩展活动和馆藏。

评估方法：及时满足项目标准并成功执行；活动统计和案例反馈。

● 目标 3：2017 年，成功开放黑人文化研究中心的改造和拓宽空间。

预期结果：扩大和改善为公众和工作人员提供的活动和服务，包括为移动图像、录音和手稿、档案和珍本部门提供全新的空间。

评估方法：及时满足项目标准并成功执行；活动统计和案例反馈。

● 目标4：2017年，创建项目敏感型的卡耐基设计标准，这将构成纽约市公共图书馆总体设计方法的基础。

预期结果：1）为分馆的空间组件创建一个框架；2）确保未来所有的资本项目都是为了最大化空间和反映社区需求而设计的。

评估方法：设计标准由代表设施、规划、基本建设和公共服务职能的人员在内部开展审查和批准。

● 目标5：纽约公共图书馆将通过五个高需求社区的改造项目来改进图书馆建筑的质量和可使用性。项目将持续到2021年以后。

预期结果：社区将拥有一个高能效且满足社区需求的图书馆设施，其提供充足的空间、照明、书架、座位、高效能源、休闲空间和技术。

评估方法：社区反馈；及时满足项目标准。

附录二

纽约公共图书馆中心图书馆/曼哈顿中区图书馆 2017—2021服务规划全文

要素一：基本建设

目标：改造曼哈顿中区图书馆，建设一座先进的中心图书馆，响应基于广泛的专家和公众需求的纽约公共图书馆计划目标。

时限：2017—2021年

预期结果：1）纽约公共图书馆将拥有最先进的流通中心图书馆，包括儿童中心、青少年中心，提供同样强大的核心图书馆实体馆藏、充足的座位、成人学习中心、商业中心、就业安置中心、技术学习中心和更多图书馆活动空间;2)2020—2021年间,市中心地区新改造的图书馆将正式开放。

评估方法:1)审查设计和施工期限;2)评估为新图书馆建立的服务。

要素二:活动和服务传递

目标:在2017—2020年改造期间,将曼哈顿中区图书馆的服务和活动重新分配给市中心地区的其他图书馆,以减轻图书馆在改造期间对用户服务和图书馆活动的影响。

时限:2017—2020年

预期结果:改造期间,图书馆参观者将可以继续访问曼哈顿中区图书馆的各种实体馆藏,获得参考咨询服务、社会合作伙伴的服务、技术培训、教育服务和参与文化活动。

评估方法:为所有利益相关者编制的图书馆流通、访问和项目指标季度报告。

要素三:青少年服务

目标:建立一个充满活力和积极的团队,并通过改造后的曼哈顿中区图书馆提供的活动和馆藏,来培养青少年。

时限:2017—2020年

预期结果:1)提高青少年社区在市中心地区的参与度,以便在新的青少年图书馆开放时开展活动;2)在市中心地区为青少年提供服务的青少年专家核心团队。

评估方法:审查关于访问、年轻人资源流通和活动的季度报告。

要素四:领导者培训和教育

目标:提高领导技能,在曼哈顿中区图书馆的领导层中制定继任计划。

时限:2017—2021年

预期结果：1)由曼哈顿中区图书馆各部门领导组成的团队，通过有效团队领导、资源分配和服务创新，为其部门阐明并实现服务和活动目标；2)部门领导将更加专业化，能够在纽约公共图书馆内获得专业成长和提升的机会。

评估方法：1)审核培训统计数据；2)内部内容制作；3)会议出席统计数据。

要素五：公共服务员工培训和教育

目标：提升员工持续提供优质用户服务、参考咨询和教育活动的能力。

时限：2017—2021 年

预期结果：所有用户都将得到及时的回复和咨询反馈，以满足他们在使用图书馆资源时需要获得信息援助的要求，以及获得教育发展的机会。

评估方法：审核用户统计数据；提升用户满意度反馈。

参考文献：

[1] Bill de Blasio. Mayor's Management Report (MMR)-PUBLIC LIBRARIES [EB/OL]. [2021－01－25]. https://www1. nyc. gov/assets/operations/downloads/pdf/pmmr2021/lib. pdf.
[2] 吴汉华，倪弘. 纽约公共图书馆口述史资源建设经验与启示[J]. 图书情报工作，2019(3).
[3] 刘菡. 纽约公共图书馆社区分馆的建设与布局[J]. 国家图书馆学刊，2016(3).
[4] New York Public Library. 2016－2020 Annual Report [EB/OL]. [2021－10－13]. https://www. nypl. org/help/about-nypl/annual-report.
[5] 孙刚. 财政拨款连年削减，纽约公共图书馆面临困境[EB/OL]. (2019－05－29)[2021－01－22]. https://www. jfdaily. com/news/detail? id＝154062.
[6] Angela Montefinise. Statement from NYC Libraries About FY 2020 City Budget [EB/OL]. (2019－06－14)[2021－01－22]. https://www. nypl. org/press/press-release/june-14-2019/statement-nyc-budget.
[7] 焦克非. 纽约公共图书馆表演艺术数字馆的版权保护实例研究[J]. 商业文化，2011.
[8] 吴汉华，倪弘. 纽约公共图书馆口述史资源建设经验与启示[J]. 图书情报工作，

2019(3).
[9] 姚敏. 纽约公共图书馆系统移民信息服务研究及启示[J]. 图书馆工作与研究，2018(3).
[10] 美国纽约公共图书馆数字化创新[EB/OL]. [2021 - 01 - 25]. http://tv.cctv.com/2018/05/05/VIDEUI36LS0srt2i95hZp24N180505. shtml.
[11] ABOUT NYPL DIGITAL COLLECTIONS[EB/OL]. [2021 - 01 - 25]. https://digitalcollections. nypl. org/about.
[12] 黄霄羽，吴志杰. 资源为王 跨界融合——纽约公共图书馆收购著名作家詹姆斯·鲍德温档案的分析与启示[J]. 北京档案，2018(5).
[13] 吴汉华，倪弘. 纽约公共图书馆口述史资源建设经验与启示[J]. 图书情报工作，2019(3).
[14] Bill de Blasio. Fiscal 2020 Mayor's Management Report [EB/OL]. (2020 - 09 - 01)[2021 - 01 - 25]. https://www1. nyc. gov/assets/operations/downloads/pdf/mmr2020/2020_mmr. pdf.
[15] New York Public Library. About Stavros Niarchos Foundation Library (SNFL) [EB/OL]. [2021 - 01 - 25]. https://www. nypl. org/about/locations/snf.
[16] New York Public Library. 2018 Annual Report [EB/OL]. [2021 - 01 - 25]. https://www. nypl. org/sites/default/files/18600annualreport2018v19web. pdf.
[17] 李忠东. 与时俱进的纽约公共图书馆新服务[EB/OL]. (2018 - 09 - 27)[2021 - 01 - 25]. http://www. cpin. com. cn/h-nd-308. html.
[18] New York Public Library. 2019 Annual Report [EB/OL]. [2021 - 01 - 25]. https://www. nypl. org/sites/default/files/annualreport2019070120final1. pdf.
[19] New York Public Library. Business Center-Stavros Niarchos Foundation Library (SNFL)[EB/OL]. [2021 - 01 - 26]. https://www. nypl. org/locations/snfl/business.
[20] New York Public Library. NYC Small Business Resource Center [EB/OL]. [2021 -01 - 26]. https://www. nypl. org/help/services/smallbiz.
[21] New York Public Library. SCORE [EB/OL]. [2021 - 01 - 26]. https://www. nypl. org/help/services/smallbiz/score.
[22] 朱华顺. 纽约市公共图书馆支持大众创业的实践研究[J]. 图书馆建设，2017(11)：18 - 23.
[23] New York Public Library. New York StartUP! Business Plan Competition [EB/OL]. [2021 - 01 - 26]. https://www. nypl. org/help/services/startup.
[24] New York Public Library. Jobs and Careers: Services and Resources [EB/OL]. [2021 - 01 - 26]. https://www. nypl. org/education/adults/career-employment/snfl.
[25] New York Public Library. NYPL Programs [EB/OL]. [2021 - 01 - 27]. https://www. nypl. org/events/public-programs.
[26] 邱建恒. 美国纽约公共图书馆阅读推广活动特点分析与启示[J]. 河北科技图苑，

2019(3)：49－53.
[27] New York Public Library. Summer Reading 2020[EB/OL]. [2021－01－27]. https://www.nypl.org/125/summerreading.
[28] New York Public Library. Story Line [EB/OL]. [2021－01－27]. https://www.nypl.org/storyline.
[29] New York Public Library. Get a Library Card at NYPL [EB/OL]. [2021－01－27]. https://www.nypl.org/help/library-card.
[30] New York Public Library. Library Card Terms and Conditions [EB/OL]. [2021－01－27]. https://www.nypl.org/help/library-card/terms-conditions.
[31] New York Public Library. Borrowing Materials [EB/OL]. [2021－01－27]. https://www.nypl.org/help/borrowing-materials.
[32] New York Public Library. Library Fines and Fees [EB/OL]. [2021－10－13]. https://www.nypl.org/help/borrowing-materials/library-fines-and-fees.
[33] New York Public Library. Requesting Research Library Materials [EB/OL]. [2021－01－27]. https://www.nypl.org/help/request-research-materials.
[34] New York Public Library. Interlibrary Services and Document Delivery [EB/OL]. [2021－01－27]. https://www.nypl.org/help/research-services/interlibrary-loan#charge.
[35] New York Public Library. Educator Cards [EB/OL]. [2021－01－27]. https://www.nypl.org/events/teaching-learning/educator-cards.
[36] New York Public Library. New York Public LibraryFIVE YEAR LIBRARY SYSTEM PLAN OF SERVICE (Public Library Systems) 2017－2021[EB/OL]. [2021－01－28]. https://www.nypl.org/sites/default/files/2017-2021-plan-of-service.pdf.
[37] 刘菡.纽约公共图书馆社区分馆的建设与布局[J].国家图书馆学刊,2016(3)：61－68.
[38] 曲蕴,马春.国外公共图书馆法人治理政策研究及运行实践[J].图书馆杂志,2016(11)：9－13,44.
[39] 李玲丽.纽约公共图书馆系统总分馆建设经验研究[J].图书馆学刊,2014(3)：140－143.
[40] New York Public Library. About Our Divisions [EB/OL]. [2021－01－29]. https://www.nypl.org/about/divisions.
[41] New York Public Library. NYPL's Mission Statement [EB/OL]. [2021－01－29]. https://www.nypl.org/help/about-nypl/mission.
[42] New York Public Library. New York State Plan of Service [EB/OL]. [2021－01－29]. https://www.nypl.org/help/about/mission/ny-state-plan-service.
[43] New York Public Library. Biblion: The Boundless Library [EB/OL]. [2021－02－01]. http://exhibitions.nypl.org/biblion/.
[44] 邓景贤.国内外移动图书馆 APP 服务的对比研究.图书馆界[J],2016(3)：

33 - 37.
[45] 周升川. 对国家图书馆移动终端应用的思考——基于中美图书馆 iphone 客户端的功能对比[J]. 图书馆工作与研究，2016(6)：43 - 47.
[46] New York Public Library. Introducing SimplyE：300,000 E-Books to Browse，Borrow，and Read [EB/OL].（2016 - 07 - 21）[2021 - 02 - 01]. https://www. nypl. org/blog/2016/07/21/introducing-simplye.
[47] 科学网. 美国启动“地铁图书馆”[EB/OL].（2017 - 06 - 23）[2021 - 02 - 01]. http://news. sciencenet. cn//sbhtmlnews/2017/6/324738. shtm? id = 324738.
[48] INFODOCKET. Library E-Books：“Simplify，Unify，Diversify：an Interview with Jessica Want，New York Public Library”[EB/OL].（2019 - 07 - 16）[2021 - 02 - 01]. https://www. infodocket. com/2019/07/16/library-e-books-simplify-unify-diversify-an-interview-with-jessica-want-new-york-public-library/.
[49] The Digital Reader. NYPL and Library Simplified [EB/OL].（2015 - 08 - 05）[2021 - 02 - 01]. https://the-digital-reader. com/2015/08/05/nypl-and-library-simplified/.
[50] 朱华顺. 美国图书馆数字人文案例研究及启示——以布朗大学、纽约公共图书馆为例[J]. 国家图书馆学刊，2016(6)：58 - 63.
[51] Amazon. New York Public Library Case Study [EB/OL].（2016 - 01 - 01）[2021 - 02 - 01]. https://aws. amazon. com/solutions/case-studies/new-york-public-library/? nc1 = h_ls.
[52] Capital Projects：Building for You [EB/OL]. [2021 - 02 - 01]. https://www. nypl. org/help/about-nypl/capital-projects.
[53] 王世伟等著. 国际大都市图书馆服务体系述略[M]. 上海：上海人民出版社，2013 年.
[54] 薛静. 美国公共图书馆志愿者服务项目的分析及思考——以美国纽约、西雅图、洛杉矶公共图书馆为例[J]. 图书馆学研究，2016(15).
[55] 刘丽. 国外图书馆特色数据库众包模式建设调查分析[J]. 图书馆工作与研究，2015，1(12)：23 - 26.
[56] Verma H. Publishing：Macmillan，NYPL Launch Partnership [J]. Library Journal，2017142(03)：20.
[57] Enis M. Technology：NYPL，Benetech Partneron Accessible Ebooks [J]. Library Journal，2016141(03)：n/a.
[58] Awards Programs [EB/OL]. [2021 - 02 - 01]. https://www. nypl. org/help/about-nypl/awards.
[59] 王晨. 基于社交媒体的高校图书馆阅读推广研究——以纽约公共图书馆 Insta Novels 为例[J]. 兰台内外，2020(26)：70 - 72.
[60] 李金波. 纽约公共图书馆社交媒体营销实践[J]. 图书馆论坛，2016(4)：120 - 125.
[61] 李金波等. 中美公共图书馆社交媒体营销比较研究——以上海图书馆和纽约公

共图书馆为例[J]. 图书与情报，2016(6)：110 - 115.
[62] New York Public Library. The New York Public Library Shop [EB/OL]. [2021 - 02 - 03]. https://shop.nypl.org/.
[63] New York Public Library. The Schomburg Shop [EB/OL]. [2021 - 02 - 03]. https://schomburgshop.com/.
[64] 王毅，柯平. 公共图书馆文化创意产品开发类别调研与分析[J]. 图书情报工作，2018(3)：21 - 32.
[65] 纪双龙，马家伟. 图书馆文创产品开发的创新思路研究[J]. 图书馆，2018(11)：51 - 57，98.

第三章

伦敦公共图书馆系统

伦敦总面积近1580平方千米，人口900余万[2]。截至2018年12月，伦敦共有300余家公共图书馆，伦敦城及各自治区都设有一个由一家中心馆和多家分馆组成的成熟的公共图书馆总分馆服务系统。这些公共图书馆分布合理、利用充分，为在伦敦生活、工作和学习的人免费提供服务，成为人们精神和文化生活中不可或缺的必要因素。本文主要从伦敦公共图书馆的管理模式、业务运营、联盟建设、发展战略等方面描绘和分析该地区公共图书馆系统的发展情况。

一 伦敦政府的层级和职能划分

伦敦是英国首都和经济、文化、交通中心，由内伦敦和外伦敦组成。内伦敦包括伦敦城(City of London，也称伦敦金融城)及周围的13个自治区(Borough)，内伦敦以外的19个自治区为外伦敦，内、外伦敦合称"大伦敦"(Greater London)。[1]文中"伦敦"即指"大伦敦"。

1998年，大伦敦管理局(Greater London Authority)经全民公决后正

式创建。2000年3月，伦敦市政府成立。伦敦市政府由伦敦市长（Mayor of London）、伦敦地方议会（the London Assembly）组成[3]。市长是伦敦对外形象的代表，负责制定伦敦的战略规划和各部门预算草案，伦敦地方议会有权监督、质询市长，有独立调查权以及向市长提出建议的权力。

2011年，英国颁布的《地方主义法案》（*Localism Act*）规定，将更多的权力下放给议会和社区，并赋予地方社区对地方决策的更大控制权，包括资金分配等均由各议会自主决定。根据该法案，英国的每一个议会都必须提供“全面且高效”的图书馆服务。地方一级的议员和官员的职责是根据当地用户的需要以及现有资源的情况，决定公共图书馆的开支、管理和服务。[4]因此，除涉及伦敦的共同事务由伦敦市政府管辖或者由其与各自治区共同解决外，其他事务，例如图书馆事务，以及教育、社会服务、住房、街道清扫、垃圾处理、各自治区规划等，均由各自治区选举产生的议会负责执行。[5]可见，伦敦实行两级政府管理，伦敦市和各自治区之间权责划分明确。伦敦市政府负责关乎伦敦整体发展的战略性问题，而各自治区①负责各区内包括公共图书馆事务在内的日常事务。

二 伦敦公共图书馆的管理和服务现状

英国的公共图书馆主要由政府主导。当前，英国数字、文化、媒体和体育部（Department for Digital, Culture, Media & Sport, DCMS）主管英国的公共图书馆事务。公共图书馆预算由政府和地方当局下拨分发。当地政府的收入由当地税收和英国政府的资金支持共同组成。公共图书馆可以向DCMS下属的行政性非政府部门公共机构（Executive non-departmental public body）——英国艺术委员会（Arts Councils England, ACE）申请额外的项目经费。该委员会是英国公共图书馆的发展支持机

① 为便于表述，后文中的“自治区”即指伦敦城和其他32个自治区。

构，其在英国各地都设有具体负责地方相关事务的团队，团队成员来自当地文化机构。

（一）各区自治型总分馆模式

通过对伦敦各自治区官网的调研发现，这些自治区均设有一个中心馆及多个分馆。简单来说，每个区各自运行着一个完善、健全的公共图书馆总分馆服务网络。每个中心馆与其下属分馆联系密切，采用“一卡通”服务模式和统一的服务管理系统。中心馆专业性更强且藏书更丰富，主要为其所在的整个区提供免费服务，分馆则直接为所在地附近居住、学习、工作的民众提供免费服务。本文将上述特点总结表述为“各区自治型总分馆模式”。

1. 公共图书馆的数量和分部

截至 2018 年 12 月，伦敦共有公共图书馆 325 个[6]。大约每 2.77 万人拥有一个公共图书馆（以 2018 年人口数 900 万计），大约每 4.86 平方千米设有一个公共图书馆。表 3－1 为截至 2020 年 9 月的伦敦公共图书馆数量和分布情况，其总数已增长至 342 个。

表 3－1　伦敦各区公共图书馆数

序号	所在自治区	公共图书馆数量（个）
1	伦敦城（City of London）	4
2	巴金-达格南区（Barking and Dagenham）	6
3	巴尼特区（Barnet）	16
4	贝克斯利区（Bexley）	12
5	布伦特区（Brent）	9
6	布罗姆利区（Bromley）	14
7	卡姆登区（Camden）	12

（续表）

序号	所在自治区	公共图书馆数量(个)
8	克罗伊登区(Croydon)	13
9	伊灵区(Ealing)	13
10	恩菲尔德区(Enfield)	17
11	格林威治区(Greenwich)	11
12	哈克尼区(Hackney)	8
13	汉默史密斯-富勒姆区(Hammersmith and Fulham)	5
14	哈林盖区(Haringey)	8
15	哈罗区(Harrow)	6
16	黑弗灵区(Havering)	10
17	希灵登区(Hillingdon)	17
18	豪恩斯洛区(Hounslow)	11
19	伊斯灵顿区(Islington)	10
20	肯辛顿-切尔西区(Kensington and Chelsea)	6
21	金斯敦区(Kingston upon Thames)	7
22	兰贝斯区(Lambeth)	10
23	刘易舍姆区(Lewisham)	13
24	默顿区(Merton)	7
25	纽汉区(Newham)	10
26	里德布里奇区(Redbridge)	13
27	里士满区(Richmond upon Thames)	13
28	萨瑟克区(Southwark)	12
29	萨顿区(Sutton)	8
30	陶尔哈姆莱茨区(Tower Hamlets)	8
31	沃尔瑟姆福雷斯特区(Waltham Forest)	10
32	旺兹沃思区(Wandsworth)	11
33	威斯敏斯特市(City of Westminster)	12
合计		342

（数据来源：各自治区及伦敦城图书馆网页。）

2. 经费状况

各区公共图书馆的经费预算及收支、服务内容、运营管理等各项事务，通常由各区议会负责。各区议会根据当地实际需求和资源状况确定经费如何分配。表 3－2 列出了 2008—2019 年间伦敦所有自治区政府在公共图书馆服务中的人员支出和运营支出数据（总支出＝人员支出＋运营支出）。由图 3－1 可知，近十年的总支出总体呈现下降趋势。由于政府对公益事业的投入有所减少，为应对相应危机，一些议会与合适的第三方公益性机构合作，由该机构具体负责图书馆的日常运作。例如，克罗伊登区、伊灵区、豪恩斯洛区和哈罗区的公共图书馆服务由英国开瑞林（Carillion）公司旗下的非营利组织“文化社区解决方案”（Cultural Community Solutions，CCS）承接管理；格林威治区和旺兹沃思区的公共图书馆服务由非营利组织“格林威治休闲服务中心”（Greenwich Leisure Limited，GLL）运营。[7]

表 3－2　伦敦所有自治区政府对公共图书馆服务的年度支出（单位：千英镑）

年份	人员支出	运营支出	总支出
2008—2009	108 722	107 066	215 788
2009—2010	113 617	113 279	226 897
2010—2011	109 185	114 286	223 472
2011—2012	97 916	113 485	211 401
2012—2013	88 406	111 468	199 873
2013—2014	78 855	106 761	185 617
2014—2015	73 966	101 168	175 134
2015—2016	72 831	106 252	179 083
2016—2017	68 174	96 112	164 286
2017—2018	66 869	94 461	161 330
2018—2019	69 834	80 755	150 590

（数据来源：https://www.gov.uk/government/collections/local-authority-revenue-expenditure-and-financing。）

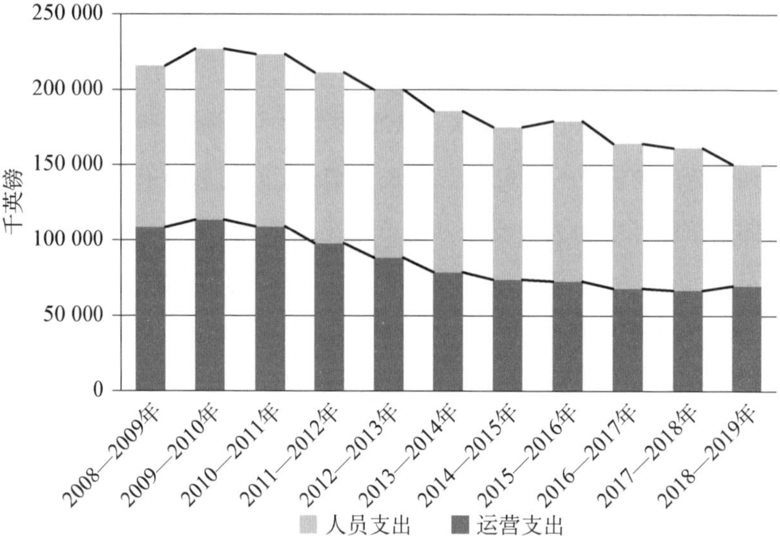

图 3－1　伦敦所有自治区政府对公共图书馆的年度支出变化趋势

3. 服务运作

（1）基本服务

伦敦公共图书馆通常会提供读者到馆服务、在线服务和到家服务。其中，到家服务面向残障用户或不便到馆的用户，为他们免费送书上门。此外，英国快递公司 CitySprint 还向图书馆联盟的成员用户提供跨自治区的图书配送服务。[8]但由于所在区域大小、人口数量、社区特色、用户需求不同，各区图书馆的开放时间以及办证和借阅等具体服务政策不尽相同。表 3－3 列出了各自治区公共图书馆的部分服务指标。

表 3－3　伦敦各自治区公共图书馆服务情况统计

序号	所在自治区	服务人口（人）	馆藏量（册/件）	年借阅量（册次）
1	伦敦城(City of London)	7 600	193 430	291 786
2	巴金-达格南区(Barking and Dagenham)	190 600	326 816	640 592
3	巴尼特区(Barnet)	364 000	466 698	1 305 428
4	贝克斯利区(Bexley)	234 300	279 107	1 014 918

（续表）

序号	所在自治区	服务人口（人）	馆藏量（册/件）	年借阅量（册次）
5	布伦特区(Brent)	314 700	321 470	920 902
6	布罗姆利区(Bromley)	314 000	457 797	1 442 397
7	卡姆登区(Camden)	225 000	366 639	624 010
8	克罗伊登区(Croydon)	368 900	373 992	1 110 989
9	伊灵区(Ealing)	340 700	460 714	1 152 860
10	恩菲尔德区(Enfield)	317 300	454 296	1 437 104
11	格林威治区(Greenwich)	260 100	274 537	615 509
12	哈克尼区(Hackney)	252 100	300 080	701 746
13	汉默史密斯-富勒姆区(Hammersmith and Fulham)	179 900	208 966	386 370
14	哈林盖区(Haringey)	258 900	454 553	844 102
15	哈罗区(Harrow)	242 400	404 014	1 317 728
16	黑弗灵区(Havering)	25 500	274 099	792 480
17	希灵登区(Hillingdon)	281 800	—	—
18	豪恩斯洛区(Hounslow)	259 100	288 483	1 003 679
19	伊斯灵顿区(Islington)	211 000	245 900	725 272
20	肯辛顿-切尔西区(Kensington and Chelsea)	155 900	356 299	629 069
21	金斯敦区(Kingston upon Thames)	163 900	222 588	673 700
22	兰贝斯区(Lambeth)	310 200	235 929	598 697
23	刘易舍姆区(Lewisham)	281 600	296 251	746 474
24	默顿区(Merton)	202 200	268 702	842 715
25	纽汉区(Newham)	310 500	247 508	974 394
26	里德布里奇区(Redbridge)	284 600	594 919	1 501 305
27	里士满区(Richmond upon Thames)	189 100	331 311	1 122 962
28	萨瑟克区(Southwark)	293 500	322 528	1 484 777

（续表）

序号	所在自治区	服务人口（人）	馆藏量（册/件）	年借阅量（册次）
29	萨顿区（Sutton）	193 600	285 329	898 371
30	陶尔哈姆莱茨区（Tower Hamlets）	263 000	318 365	946 189
31	沃尔瑟姆福雷斯特区（Waltham Forest）	265 800	234 632	528 890
32	旺兹沃思区（Wandsworth）	314 500	543 764	1 432 685
33	威斯敏斯特市（City of Westminster）	223 900	587 827	1 826 093

（数据来源：https://librarytechnology.org/；查询时间：2020.10.22。）

（2）特色创新案例——概念店（Idea Store）

伦敦陶尔哈姆莱茨区是"概念店"的起源地。该自治区贫困率与失业率较高、受教育率较低，且该区公共图书馆的用户数占总人口的比例较低[9]。因此，该区议会提出建设能够依托新兴的信息网络技术，并且以人们的需求为中心，强调终身教育、扩大参与、平等开放、以人为本，便于人们就近体验文化、学习交流、提高技能素养和获取服务的多功能社区中心，[10]即"概念店"。最早的"概念店"成立于2002年，陶尔哈姆莱茨区先后共设立了5家"概念店"。2020年后因受疫情影响，仍在开放使用的"概念店"为4家[11]。"概念店"主要提供多媒体数字化资源服务及各类文化活动，文化活动包括定期举办的常规活动和基于每家"概念店"不同主题特色的特色活动，满足多元人群的需求。同时，"概念店"还提供各种课程，包括技能培训、瑜伽、舞蹈、朗诵、阅读等与社会教育匹配的学习环境和设施。"概念店"的设计时尚前卫，多建在人流量大的商业区附近，并采取现代化的连锁经营和服务模式，邀请志愿者等社会化团体参与服务，降低运营成本，有效提升社会效益。"概念店"的运营经费过去主要来源于陶尔哈姆莱茨自治区，还有一些公共和私人机构，近年来则主要依靠房屋租赁、在线收费课程、借阅传递费、外借逾期费和参观收费等项目来获取经费[9]，在一定程度上缓解了地方当局年度投入持续下降（如图3-1所示）所带来的负面影响。

4. 技术供应商的选择

表 3-4 列出了伦敦各自治区公共图书馆对图书馆管理系统、自助服务设备、电子书服务供应商的选择情况。在伦敦 33 个自治区中，有 21 个采用了 Symphony 管理系统，占比达 63.6%。在电子书和自助服务设备供应商方面，多数图书馆选择了赛阅（Overdrive）和 Bibliotheca。

表 3-4　伦敦各自治区图书馆对技术供应商的选择情况

序号	所在自治区	图书馆管理系统	电子书供应商	自助服务设备供应商
1	伦敦城（City of London）	Symphony	—	Bibliotheca
2	巴金-达格南区（Barking and Dagenham）	Symphony	—	—
3	巴尼特区（Barnet）	Alto/Prism	—	—
4	贝克斯利区（Bexley）	Galaxy	Overdrive	Bibliotheca
5	布伦特区（Brent）	Symphony	—	Bibliotheca
6	布罗姆利区（Bromley）	Alto/Prism	Overdrive	Bibliotheca
7	卡姆登区（Camden）	SPYDUS	Overdrive	Bibliotheca
8	克罗伊登区（Croydon）	Symphony	Overdrive	D-Tech
9	伊灵区（Ealing）	Symphony	—	—
10	恩菲尔德区（Enfield）	Symphony	Overdrive	—
11	格林威治区（Greenwich）	Alto/Prism	Overdrive	D-Tech
12	哈克尼区（Hackney）	Symphony	Overdrive	Axiell
13	汉默史密斯-富勒姆区（Hammersmith and Fulham）	Symphony	Cloud-Library、RB Digital	Bibliotheca
14	哈林盖区（Haringey）	Alto/Prism	Overdrive	—
15	哈罗区（Harrow）	Symphony	—	—
16	黑弗灵区（Havering）	Symphony	Overdrive	Axiell
17	希灵登区（Hillingdon）	Symphony	Safari	—

（续表）

序号	所在自治区	图书馆管理系统	电子书供应商	自助服务设备供应商
18	豪恩斯洛区（Hounslow）	Galaxy	—	—
19	伊斯灵顿区（Islington）	Alto/Prism	BorrowBox	Bibliotheca
20	肯辛顿-切尔西区（Kensington and Chelsea）	Symphony	Cloud-Library、RB Digital	Bibliotheca
21	金斯敦区（Kingston upon Thames）	Symphony	Borrow-Box、Overdrive	—
22	兰贝斯区（Lambeth）	Spark	—	—
23	刘易舍姆区（Lewisham）	Symphony	Overdrive	D-Tech
24	默顿区（Merton）	Symphony	—	Bibliotheca
25	纽汉区（Newham）	Symphony	Overdrive	—
26	里德布里奇区（Redbridge）	Symphony	Overdrive	—
27	里士满区（Richmond upon Thames）	Spydus	Overdrive + CloudLibrary	Bibliotheca
28	萨瑟克区（Southwark）	Spydus	—	—
29	萨顿区（Sutton）	Symphony	—	Bibliotheca
30	陶尔哈姆莱茨区（Tower Hamlets）	Symphony	Overdrive	Axiell
31	沃尔瑟姆福雷斯特区（Waltham Forest）	Symphony	—	2CQR
32	旺兹沃思区（Wandsworth）	Alto/Prism	Overdrive	—
33	威斯敏斯特市（City of Westmin-ster）	Symphony	CloudLibrary、RB Digital	Bibliotheca

（数据来源：https://lglibtech.com/library_systems；查询时间：2020.10.22。）

（二）伦敦“图书馆联盟”

图书馆联盟是一种正式组织，其成员可能属于特定的区域范围，或属于某一特定类型(公共图书馆、高校图书馆、专业或主题性的图书馆),它是在共同目标和利益的牵引下,通过建立合作机制构建的图书馆协同发展组织。不同的联盟,其成员间的耦合松紧程度不同。[12]伦敦公共图书馆间的合作最早可追溯至1999年。当时,五家位于伦敦东部地区的自治区欲通过联合采购的方式购买馆藏,并共同承担在广告和投标方面的费用。[13]20世纪90年代后,随着信息技术的迅速发展,使不同地区间机构的信息共享成为可能。另一方面,为了缓解资金压力,越来越多伦敦的公共图书馆也开始主动寻求以联盟的方式合作分摊各类成本。

近年来,发展势头最为迅猛的要数"图书馆联盟"(The Libraries Consortium),它也成了目前伦敦最大的公共图书馆联盟①。其于2004年正式成立,原名为"伦敦图书馆联盟"(London Library Consortium)。最初,黑弗灵和里德布里奇两个自治区通过联合采购分摊馆藏和图书馆管理系统的成本,此后不断有成员加入,甚至还吸引了像卢顿(Luton)、埃塞克斯郡(Essex)、瑟罗克(Thurrock)这些伦敦之外的地区的图书馆加入。截至2020年8月,该联盟的成员数量已达20家。而联盟成员间的合作范畴也从馆藏采购扩展到了人员合作及技术供应商选择等方面。[16]

1. 管理机制

"图书馆联盟"设定的战略目标包括:通过协作,降低成员馆的各项成本;发展新的图书馆模式,通过创新的想法让图书馆产生更大的价值;为用户提供更好的服务,提升员工的技能和服务的现代化水平;创造一种更广泛,深层次的伙伴关系。[17]想要实现这些目标,高效灵活的管理机制不可或缺。

从内部机构的设置和分工来看,该联盟成立了专门的战略小组,主要

① 此外,2006年成立的"东南图书馆管理系统联盟"(Southeast Library Management System, SELMS)的14家成员馆中有3家来自伦敦[14],而2011年由威斯敏斯特市(Westminster)、汉默史密斯-富勒姆区(Hammersmith and Fulham)、肯辛顿-切尔西区(Kensington and Chelsea)共同成立的"三区联盟"(Tri-borough)已于2017年宣布解散[15]。

关注与联合服务相关的长期发展、IT服务的优化，以及与各成员间合作相关的事宜。联盟管理层由各图书馆服务的主要负责人组成，每隔6周会讨论关于图书馆发展的战略事宜，以及是否批准战略小组的建议。除此之外，联盟还组建了由不同服务部门构成的跨部门小组，既有临时性的也有长期性的（例如馆藏管理）。而除了机构内部的战略咨询外，联盟也会通过咨询公司（如Red Quadrant）为未来发展出谋划策[18]。

“图书馆联盟”灵活的管理机制还体现在对于各成员特点的尊重。由于成员几乎覆盖了大半个伦敦市，各地方的议会的大小、构成、政治倾向不同，导致图书馆服务的具体提供方式也可能不同，但这并不会成为其加入联盟的阻碍。以前文提及的陶尔哈姆莱茨的概念店为例，尽管其采取市场化的经营模式，但这并不妨碍其成为该联盟的一员。可见，不过分苛求成员的统一性，也许正是该联盟得以迅速扩张的原因。

2. 服务平台

图书馆管理系统（Library Management System，LMS）支撑着图书馆馆藏流通及各种信息管理的重要功能，也是图书馆之间资源共享和联合服务的必要工具。自2003年起，“图书馆联盟”采用Axiell公司的Open Galaxy系统为用户提供馆藏联合目录查询、已借图书查询和图书续借功能[19]。直到2015年，随着成员规模扩大，馆藏资源的日益丰富，以及图书馆自身业务的扩展，曾经的系统已不能满足要求。考虑到经费削减以及软硬件成本对信息基础设施迭代造成的压力，该联盟于2017年着手对LMS提供方重新招标，其采纳了相关研究的建议，希望新的技术供应商能提供一种模块化的图书馆服务平台，通过部署中间件和开放标准最大限度提高平台与新应用间的互操作性。[20]这种做法不只是希望通过新平台改善用户在使用线上服务时的体验，提升图书馆在线服务的使用率，更希望由此吸引更多人前往公共图书馆的实体空间。该联盟最终于2019年与服务商SirsiDynix公司签订了框架协议。其正试图以联盟的形式推进公共图书馆的深层信息基础设施更新。[21]而这种新的图书馆服务平台对联盟后续发展的影响，还有待深入研究。

3. 跨机构人员合作

参与“图书馆联盟”的成员数量众多，这意味着他们拥有一批技能广泛的员工。通过统一的管理后台，联盟成员可以共享各种成功的举措、最佳实践，如此亦可削减员工培训的“隐形”成本（类似的做法还有“东南图书馆管理系统联盟”利用 SharePoint 技术分享各种培训计划、会议信息、统计数据，成员间还会通过邮件列表（mailing list）进行信息共享[22]）。鉴于英国国内图书馆专家的岗位正在流失，这一优势会越来越有价值。该联盟在一些专门的项目、商业招标以及开发新项目方面均可以通过共享员工的专业知识收获益处（例如，联盟的电子书报价是由成员馆中的一些专家共同研究制定的）。这种机制的灵活性使得此类需要跨机构人员合作的项目得以进行，且通常无须设立永久性的专业职位或就跨自治区的服务协议进行谈判。另一方面，这种协作为各自治区的员工创造了参与新项目的机会，尤其是像网站开发和标准化这些由单个自治区无法完成的项目。

4. 企业助力联盟服务

对用户而言，联盟带来的直接服务体验可能就是联合目录查询与跨地区的馆际互借。2010 年，当时已拥有 12 家成员馆的“图书馆联盟”实现了成员间的馆际互借服务[23]。随着成员数量不断增加，为了提高服务效率，联盟与快递公司 CitySprint 合作，由该公司负责跨自治区的图书快递服务。

快递公司网站信息显示[24]，CitySprint 为联盟提供了专门的快递检查团队，临时及固定路线服务团队以及位于伦敦中心的分拣中心。通过引入集中管理的分拣中心，可将图书馆的书籍进行预先分拣以备上架。据估计，这可为每个自治区每周平均节省 35 个工时。此外，经过专门培训的快递员十分熟悉与图书馆的对接事宜，加上路线规划软件制定的优化路线，可以确保在服务协议所规定的时间内将图书交给读者。鉴于配送图书的数量可能发生变化，且各区的情况存在差异，对一些图书馆而言，使用临时服务可能比专用服务的成本更低，因此快递公司允许各自治区在专用服务和临时服务之间进行切换。平均来看，目前这项合同已帮助各自治区的图书馆节省了30%的配送成本。

三 发展战略

（一）英国图书馆发展战略

英国数字、文化、媒体和体育部（DCMS）在其2016年发布的《图书馆履行职责：英国公共图书馆的雄心2016—2021》（*Libraries Deliver: Ambition for Public Libraries in England 2016 to 2021*）战略报告中提出如下内容。[25]

英国公共图书馆的服务愿景——图书馆是重要的社区中心，它把人们聚集在一起，帮助他们获得能使生活变得更美好的服务和支持。图书馆让每个人：

- 从图书馆中看到各种好处和积极的成果，并因此选择使用图书馆；
- 了解图书馆提供什么服务，以及如何最大限度地利用现有服务；
- 获得新的想法、机会和信心，便捷地获得提高生活质量所需的工具、技能和信息；
- 通过不断变化的信息环境获得可靠的指导，并培养在不断变化的世界中茁壮成长所需的技能。

图书馆服务有助于实现以下7项对个人和社区来说至关重要的目标：

- 丰富文化创意——自2013年以来，设立141个图书馆基金项目，共计投入660万英镑；
- 提升阅读素养——2016年，共有755208名儿童参与了英国图书馆的夏季阅读挑战项目；

- 提升数字接入和数字素养——2014—2015 年，共提供 2600 万小时的互联网访问服务；
- 帮助每个人充分发挥潜能——在全英范围内免费提供 1000 万篇学术期刊文章；
- 更健康更幸福的生活——通过公共图书馆服务，每年为英国国家医疗服务体系（NHS）节省 2750 万英镑；
- 更强大的繁荣——2013—2015 年，仅通过企业图书馆，为英国经济带来 3800 万英镑的附加价值；
- 更强大、更具弹性的社区——2014—2015 年，英国图书馆访问量达到 22460 万人次，高于英超足球赛观赛、电影观摩以及英国排名前十的旅游景点访问人次的总和。

战略报告还指出公共图书馆建设应重视的几个关键问题：以需求驱动图书馆服务设计、为本地服务设计不同的提供模式、以多种可持续的方式资助图书馆服务、为优秀的图书馆服务下定义、利用更好的依据来支持决策、加强协调与合作、培养现在和将来的图书馆人才队伍、制造图书馆案例。

此外，作为英国公共图书馆的发展支持机构，英国艺术委员会（ACE）在其 2012—2013 年制定的《展望未来图书馆》（*Envisioning the library of the future*）[26]战略规划中制定了四个优先发展领域，以应对各项挑战，并培养成功、可持续的图书馆服务，这四个领域是：

- 将图书馆作为社区的中心；
- 充分利用数字技术和创意媒体；
- 确保图书馆具有弹性和可持续性；
- 为在图书馆工作的人提供正确的技能。

（二）伦敦文化战略

虽然伦敦市政府并不直接参与公共图书馆事务，但依然会从战略层面为包括图书馆在内的文化领域制定发展方向。2018 年 12 月，伦敦市长办公室发布《文化惠及全体伦敦人——伦敦文化战略》(*Culture for all Londoners—Mayor of London's Culture Strategy*)[6]。该战略是伦敦标志性文化战略，旨在为伦敦人提供在家门口接触文化的机会。

文化和创意产业每年为伦敦经济贡献 520 亿英镑，并提供占伦敦六分之一的就业机会。该战略详细说明了伦敦将如何保持城市始终处于创造性的顶端，并确保在伦敦的每个角落都能获得接触文化的机会。

该战略提出四个优先事项：

- 热爱伦敦——使更多人在家门口体验和创造文化；
- 文化与良好成长——支持、保存和维护文化场所；
- 创意伦敦人——为未来投资多元化的创意劳动力；
- 世界级城市——成为当今和未来的全球创意强国。

战略指出，图书馆是所有文化设施中对用户吸引力最强的，而且图书馆的用户也是最具多样性的。图书馆不仅提供文献资源，还为社会中最脆弱的群体提供安全的场所，为公众提供互联网公共接入服务，帮助父母和孩子们聚在一起开展各种活动。从学者到读者，再到热心人士、家庭和社区团体，伦敦人都在使用图书馆。伦敦有 300 多家公共图书馆，也是世界上最古老的图书馆之一——大英图书馆的所在地。

每个伦敦自治区议会都有法定义务提供全面和高效的图书馆服务。但伦敦市政府也会为部分公共图书馆项目提供基金资助，例如"市长良好增长基金"(Mayor's Good Growth Fund)(总计 7000 万英镑)和"市长能效基金"(Mayor's Energy Efficiency Fund)等，以及两个市长基金计划项目——"文化种子"(Culture Seeds)和"伦敦文化自治区"(London Borough of Culture)，这些基金是伦敦文化基础设施计划的一部分，囊括了伦敦所有的公共图书馆。

《文化惠及全体伦敦人——伦敦文化战略》将图书馆建设纳入四个优先事项的第二个"文化与良好成长——支持、保存和维护文化场所"，并在此基础上指出伦敦当前面临的相关挑战及具体发展目标：

挑战——伦敦的人口正在迅速增长（预计到 2030 年将超过 1 000 万）。新建筑和基础设施将对现有文化遗产场馆造成压力。在过去的十年里，很多场馆已经关闭。公共文化领域虽然可以产生巨大的影响力，但往往被视为一个不错的附加条件，而不是必须优先考虑的问题。

目标——寻找新的途径，帮助艺术家和创意企业扎根。采取战略方法，在主要发展项目和基础设施中融入文化。制定有史以来最有利于文化的规划框架。更好地了解首都所需的文化基础设施。支持、维护和加强文化和遗产发展。

（三）自治区文化战略

伦敦各自治区及伦敦城针对公共图书馆建设均提出相关发展目标或编制相应的战略规划。大多数自治区（包括伦敦城）将图书馆的相关规划内容纳入其文化战略，少部分自治区制定有专门的图书馆战略规划。下面分别以伦敦城和萨瑟克自治区（该区制定了专门的图书馆战略）为例，作简单介绍。

（1）伦敦城——文化与创新学习战略 2019—2023（*City of London — Cultural and Creative Learning Strategy 2019—2023*[27]）。

伦敦城即伦敦金融城，人口 7 600 万，面积 2.6 平方千米，其也被称为“一平方英里”（Square Mile）。作为伦敦的金融机构集中区，伦敦城每年对包括公共图书馆在内的文化领域投入超过 1 亿英镑（资金投入排名全英第四）。伦敦城内共设有 5 个公共图书馆。

伦敦城在其《文化与创新学习战略 2019—2023》中提出“文化英里”及“文化英里学习”（Culture Mile Learning）理念。“文化英里学习”关注三个关键优先事项：实现社会流动性、创建世界一流的学习目的地、支持融合技能的发展。旨在：

- 与文化机构合作并在其中嵌入新的文化基础设施和能力；

- 建立一个涵盖从少儿到成人的文化和创新学习结构化方案；
- 为家庭、学生和在校工作人员提供从城市文化和遗产中受益的机会；
- 确保所有伦敦学习者都能更好地访问和使用；
- 增强伦敦金融城的文化遗产在全伦敦和全英国的影响力。

该战略提出的发展目标包括六个方面：

① 城市里的每一个文化机构都是一个学习型机构，每一个教育机构都是一个文化机构；

② 儿童和年轻人能够充分发挥他们的艺术潜能；

③ 对无法获得全面文化体验的学生（包括残疾、经济不佳和非英语母语的学生），能够得到使用的机会；

④ 文化与创新的经验促进并提高 21 世纪就业所需的融合技能；

⑤ 所有阶段的学习者都能高质量地接触创意产业，从而做出明智的职业选择，包括艺术、文化和跨行业职业；

⑥ 加强文化学习战略的监督实施，使其产生真正且持续的影响。

（2）萨瑟克自治区——连接社区-萨瑟克区图书馆和文化遗产战略 2019—2022（Connecting Communities - Southwark Libraries and Heritage Strategy 2019—2022[28]）。

萨瑟克自治区位于伦敦泰晤士河南岸，人口 293 500 万，面积 28.85 平方千米。该区共设有公共图书馆 11 个，其服务绩效在伦敦所有自治区（伦敦城）中是较为突出的，年访问量（210 万人次）、用户满意度（91%）等服务指标名列前茅。

萨瑟克自治区在其《连接社区-萨瑟克区图书馆和文化遗产战略 2019—2022》中指出，公共图书馆在人与学习、人与文化、人与信息、人与社区之间建立了连接。战略将通过以下几方面实现这些连接：

- 成为公众访问和使用数字化内容的引领者；
- 支持公众健康和福祉；

● 通过参与阅读、识字和学习，支持公众获得教育成就；

● 改善公众访问本地文化遗产的途径；

● 促进社会包容、经济发展和图书馆作为社区空间；

● 通过与当地历史和丰富的文化遗产进行接触来认识萨瑟克自治区。

在此基础上，该战略围绕数字化连接、健康与福祉连接、阅读与学习连接、文化连接、社区连接、通过讲述本地故事实现连接等六个角度，分别分析了当前面临的有关挑战，并提出具体实现目标及详细行动承诺。

（撰文：曲蕴、姚馨）

参考文献：

[1] 辞海. 伦敦[EB/OL]. [2021-06-28]. https://www.cihai.com.cn/baike/detail/72/5454610.

[2] London Datastore. London Area Profiles [EB/OL]. [2021-02-19]. https://data.london.gov.uk/london-area-profiles/.

[3] London City Hall. City Hall has one Mayor and 25 Assembly Members who are elected by Londoners [EB/OL]. [2021-02-19]. https://www.london.gov.uk/about-us/how-we-work-london.

[4] Department for Digital, Culture, Media & Sport. Guidance-Libraries as a statutory service [EB/OL]. (2020-06-30)[2021-02-19]. https://www.gov.uk/government/publications/guidance-on-libraries-as-a-statutory-service/libraries-as-a-statutory-service#role-of-central-government.

[5] 生小刚，李婷，张锦云，艾晓峰. 英国大伦敦市政府的组织机构及启示[J]. 国外城市规划，2006(03)：21-24.

[6] Mayor of London. Culture for all Londoners-Mayor of London's Culture Strategy [EB/OL]. (2018-12-01)[2021-02-19]. https://www.london.gov.uk/sites/default/files/2018_culture_strategy_final_0.pdf.

[7] 关思思. 从承接者角度浅析英国公共图书馆社会化管理运营实践[J]. 图书馆学研究，2019(05)：87-93.

[8] The Libraries Consortium case study. Citysprint [EB/OL]. [2021-03-19]. https://www.citysprint.co.uk/about-us/case-studies/the-libraries-consortium.

[9] 张丽. 英国概念店——新时代的图书馆[J]. 上海文化，2014(02)：112－120.

[10] 崔希有，秦晓娜. 伦敦概念店对我国公共(社区)图书馆建设的启示[J]. 齐鲁师范学院学报，2016(02)：111－115.

[11] Idea Store. About Us [EB/OL]. [2021－02－22]. https://www.ideastore.co.uk/about-us.

[12] 王少薇，高波，李龙. 国外图书馆联盟战略管理模式研究[J]. 图书情报工作，2016，60(15)：37－44.

[13] Libraries team up[J]. Supply Management，1999，Oct，21.

[14] The SELMS Consortium. About SELMS [EB/OL]. [2021－03－19]. https://selms.spydus.co.uk/docs/SELMS/about.html.

[15] BBC News. London councils walk away from share services agreement [EB/OL]. [2021－03－19]. https://www.bbc.co.uk/news/uk-england-london-39415618.

[16] Sutton Council. Sutton-led Library Consortium goes from strength to strength [EB/OL]. (2020－8－14)[2021－3－19]. https://www.sutton.gov.uk/news/article/576/sutton-led_library_consortium_goes_from_strength_to_strength.

[17] Department for Digital，Culture，Media & Sport. London Libraries Consortium：partnership working [EB/OL]. (2016－11－30)[2021－3－19]. https://www.gov.uk/government/case-studies/london-libraries-consortium-partnership-working.

[18] Taylor B. The situation facing UK public libraries and the need to change the status and approach of interlending [J]. Interlending & Document Supply，2011，Vol. 39 No. 3，pp. 134－141.

[19] Huber N. Havering's council partnership develops online system to speed up library services [J]. Computer Weekly，2004，Nov，2.

[20] Libraries Connected. Essential Digital Infrastructure for Public Libraries in England [EB/OL]. [2021－03－19]. https://www.librariesconnected.org.uk/resource/essential-digital-infrastructure-public-libraries-eng land.

[21] British Library. Five approach to a single digital presence [EB/OL]. [2021－03－19]. https://www.bl.uk/press-releases/2019/june/new-research-proposes-five-options-for-a-digital-presence-in-public-libraries.

[22] The SELMS Consortium. About SELMS [EB/OL]. [2021－03－19]. https://selms.spydus.co.uk/docs/SELMS/about.html.

[23] McGrath M. Interlending and document supply：a review of the recent literature：69 [J]. Interlending & Document Supply，2009，Vol. 37 No. 4，pp. 199－207.

[24] Citysprint. The Libraries Consortium case study [EB/OL]. [2021－03－19]. https://www.citysprint.co.uk/about-us/case-studies/the-libraries-consortium.

[25] Department for Digital，Culture，Media & Sport. Corporate report Libraries

Deliver: Ambition for Public Libraries in England 2016 to 2021[EB/OL]. (2018-09-28)[2021-02-20]. https://www.gov.uk/government/publications/libraries-deliver-ambition-for-public-libraries-in-eng land-2016-to-2021/libraries-de-liver-ambition-for-public-libraries-in-england-2016-to-2021.

[26] Arts Council England. Envisioning the library of the future [EB/OL]. [2021-02-20]. https://www.artscouncil.org.uk/sector-resilience/envisioning-library-future# section-1.

[27] City of London Corporation. Cultural Strategy [EB/OL]. (2020-06-11)[2021-02-20]. https://www.cityoflondon.gov.uk/things-to-do/tourism-trends-and-strategies/cultural-strategy.

[28] Southwark Council. Southwark Libraries and Heritage Strategy [EB/OL]. (2020-11-06)[2021-02-20]. https://www.southwark.gov.uk/libraries/southwark-libraries-and-heritage-strategy.

第四章

巴黎市立图书馆系统

巴黎市内的图书馆分为几种不同的类型：第一类是大型综合类图书馆，最著名的是法国国家图书馆和蓬皮杜艺术中心的公共信息图书馆；第二类是供大学生和研究人员使用的大学图书馆以及各类研究单位和公共机构的图书馆；第三类数量占比最高，即巴黎市立图书馆网络，这是本章的主要研究对象。

一 历史沿革

1. 巴黎没有城市中心图书馆

巴黎的公共图书馆网络出现于19世纪下半叶，与众不同的是，该网络并未设立一座中心图书馆，尽管过去曾经有过类似的机构。在历史上，巴黎市中心图书馆曾两度存在：第一家中心馆在法国大革命时期被国家征收；第二家曾设在原巴黎市政厅内，1871年5月被大火烧毁。[1]

1872年，巴黎市政府决定不再建一所百科全书式的中心馆，而是以著名珍本书稿收藏家于勒·库赞(Jules Cousin)的遗赠为基础，创建一座专题图书馆，也就是今天的巴黎市历史图书馆（BHVP）；另一方面，巴黎又在市政厅内创建了一家图书馆，专门解决巴黎行政部门的需求，也就是今天的巴黎市行政图书馆。这两座图书馆，因为都具有主题性，成为巴黎最早的专业图书馆。

2. 区馆成为图书馆网络的重要节点

巴黎的公共图书馆网络不是通过不断创建分支机构形成的，而是自1875年以来，通过区政府在各个辖区内设立图书馆逐渐形成的。巴黎市共有20个区，2020年前各区的图书馆保持着各自独立的运作，初衷是进行慈善活动，并为平民提供教育的机会，被称作“大众图书馆”。但随着时间的推移，其性质渐渐转变为“公共的”图书馆。这些图书馆最终演变为今天的借阅图书馆，与前文所述的专业图书馆不同，借阅图书馆的馆藏具有多样性而非主题性。

3. 1975纲要明确图书馆布局应考虑服务半径

1967年，后成为巴黎市公共图书馆局长的盖伊·鲍丹（Guy Baudin）开始构想市立图书馆网络的重组计划，希望通过增加图书馆数量、增加馆藏数量、延长开放时间、增加工作人员等，建成一个真正现代化的公共阅读网络。

1975年，巴黎市议会正式通过且发布了《巴黎市图书馆建设指导纲要》[2]（以下简称《纲要》），作为巴黎市立图书馆网络发展的指导性文件。需要说明的是，《纲要》仅以巴黎市的借阅图书馆为规划对象，并未提及专业图书馆。《纲要》为了优化图书馆的布局，明确了图书馆建设的两项标准。

第一，明确图书馆的规模标准，要符合以下三个条件：(1)应能为读者提供舒适的阅读环境，舒适度和空间大小都要适宜；(2)预先考虑未来可能需要容纳新的活动，馆舍应具有一定的可拓展性；(3)应为员工提供良好的工作环境。基于此，规划规定少儿图书馆的面积应在300～350平方米，中型图书馆不少于600平方米，大型图书馆的使用面积应在1 500～2 500平方米之间。

第二，明确以“图书馆影响范围”取代按区强制规划，一座图书馆的影响范围即服务半径应为600米，即读者从住家到图书馆的最远距离是600米，超过这一范围图书馆的读者的比例会大大下降。

根据上述两项标准，《纲要》设计的图书馆网络由56家借阅图书馆组成：13个大型图书馆、30个中型图书馆和13个少儿图书馆。《纲要》还定义了施工的优先顺序，必须优先考虑能够提供最佳服务的场所结果。

《纲要》颁布后，得到了较好的贯彻与执行，由此奠定了今天巴黎市立图书馆网络中占大比例的借阅图书馆的基本格局。

二 体系现状

1. 构成与分布

截至2020年8月，巴黎市立图书馆网络由72座市立图书馆组成，包括57座借阅图书馆，15座遗产和专业图书馆。此外，还设有一座不对外开放的中心书库。[3]需要说明的是，在巴黎市地图中标识出73座图书馆，因为第五区的图书行业文献中心实际上位于布冯图书馆之内，所以按建筑来计，共有72座单体的市立图书馆。

巴黎市总面积为105.4平方千米，现有人口218.75万（截至2017年），基于此，可估算每十万人拥有3.3座市立图书馆，每十万人拥有2.6座借阅图书馆。

从行政区划来看，2020年3月起，考虑到中心城区居住人口近年来急剧减少，而其他区人口骤增，巴黎市政府将处于中心位置的1至4区合并为新的“巴黎中心”区，全市从20个区合并为17个区，则平均每个区拥有4.2座市立图书馆，每个区平均拥有3.4座借阅图书馆。

2. 借阅图书馆

借阅图书馆，是具有百科全书功能的综合性图书馆，也是巴黎人享受文化和生活的场所。人们不仅可以在此借阅图书，也能参加工作坊、会议、读书会、观影等各种活动。

截至2019年8月，巴黎市官方网站指出，所有借阅图书馆为公众提供超过260万册图书印刷品，6 000种杂志和报纸，57万张CD，20万张DVD，还有大量乐谱、语言学习工具等。[4]

在借阅图书馆中，有几座被称为“多媒体图书馆”（médiathèque），这一表达源自法语单词“媒体”（média）和“图书馆”（bibliothèque）的首尾相接。20世纪70年代，法国有一批“唱片俱乐部”（discothèque），设有黑胶唱片的外借服务。当时法国图书馆行业希望借阅服务能走上多样化的发展之路，一方面服务要具有多样性，另一方面应该吸引新的读者群。“唱片俱乐部”因此成为新型的图书馆，或者说成为图书馆的补充。1972年，巴黎人能在8个市政府创建的唱片俱乐部中借到2.7万张黑胶唱片。[5]随后，一些公共图书馆也开始增设视频外借区（vidéothèque）。随着内容载体越来越多、越来越丰富，包括DVD乃至互联网上的电子资源的出现，“多媒体图书馆”便成为图书馆界常用的术语，指能够提供不同类型载体（电子、虚拟、纸质等）的文献服务的图书馆。有学者指出，“多媒体图书馆的概念不能简化为将新媒体集成到图书馆之中。多媒体图书馆对图书馆而言，不仅是把所有类型的文献集中起来，还意味着图书馆将向所有受众开放并传递各类信息，同时开放各类休闲活动。”[6]

发展至今，多媒体图书馆事实上代表着巴黎公共图书馆发展的趋势，无论是否冠有“多媒体图书馆”之名，所有市立图书馆都旨在打破人们对图书馆单一借阅功能的印象，在原有图书借阅的基础上融入新设计、运用新技术、添置新功能，以吸引那些从不涉足图书馆的巴黎市民。

3. 遗产和专业图书馆

遗产和专业图书馆，其初始的馆藏往往是经由捐赠所得，且专注某个特定的主题（参见表4-1）。除四家遗产和专业图书馆（巴黎市政厅历史图书馆、福尼图书馆、弗朗索瓦·特吕弗电影图书馆、旅游图书馆）支持外借服务以外，大部分只提供现场阅读和参考咨询服务。2019年，巴黎遗产和专业图书馆共计在馆内提供85 301次咨询服务，比2018年增加11%。

表 4－1 巴黎市遗产和专业图书馆一览

图书馆	馆藏主题和特色
弗朗索瓦·特吕弗电影图书馆	**影视**：与影视相关的书刊、剧本、影评（包括电影人和电影节）、DVD、影视音乐 CD 等
巴黎音乐多媒体图书馆及其下属的巴黎市音乐学院图书馆	**音乐**：黑胶唱片、CD、音乐 DVD、音乐类书刊、乐谱、视唱练习曲集等 巴黎市音乐学院图书馆自 2013 年起隶属于巴黎音乐多媒体图书馆
巴黎市政厅图书馆	**巴黎市政厅历史**：书刊、手稿、建筑图像和照片、官方出版物、统计数据等
福尼图书馆	**艺术设计**：艺术类书刊、展览目录、公开销售的目录和交易会目录、海报、墙纸、织物样品、明信片等
巴黎市历史图书馆	**巴黎历史**：巴黎大区的历史文献，包括书刊、手稿、地图、照片、图纸、印刷品、海报、明信片等
侦探文学图书馆	**侦探文学**：与侦探小说、间谍小说、与犯罪学、法医学、刑侦警务相关的参考文献等
弗朗索瓦·萨根多媒体馆	**青少儿读物**：青少年书刊、儿童书刊、漫画、CD、DVD 等
园艺之家图书馆	**园艺**：园艺类、植物学类、花园建筑类的书刊等
布勒伊图书馆	**园艺**：与植物领域相关的书刊。图书馆与当地的布勒伊园艺学校相关
巴黎自然之家图书馆	**生态**：自然和环境方面的书刊等
玛格丽特·杜兰德图书馆	**女性**：新闻工作者玛格丽特·杜兰德将其收藏品捐赠给巴黎市，从而得建此馆。现馆藏涉及女性话题的书刊、新闻剪报、传单、手稿、肖像收藏、艺术品等
埃斯蒂安学校图书馆	**印刷艺术**：巴黎书迷和印刷商的众多遗赠成为其原始馆藏。现馆藏涉及出版相关的专业书刊、印刷技术手册、与雕刻、版画、书写等相关的书刊等
巴尔扎克之家图书馆	**巴尔扎克**：巴尔扎克的作品及其时代相关的文献
旅游图书馆	**旅游**：与旅游业相关的社会学和经济学研究著作、旅游指南、旅行期刊、地图等
巴黎档案－阅读图书馆	**巴黎档案**：有关巴黎和巴黎市行政当局的历史性文档

（资料来源：La Liste Des Bibliotheques。）

4. 中心书库

1971 年，为了弥补中心馆的缺位，巴黎市政府在 14 区创建图书馆的技术服务中心，旨在为巴黎市立图书馆网络中的所有图书馆提供共享服务。与此同时，巴黎还创建了另外两个与技术相关的服务部门：一是图书分发与交换站，负责统筹安排巴黎市立图书馆的馆藏，包括再利用剔旧的图书，这成为中心书库的雏形；二是录音制品技术服务处，统一为图书馆采购音像制品及播放设备。1984 年，以上这些技术服务部门被整合为巴黎市立图书馆网络的中心书库。这是一座公众无法访问的图书馆，专用于保障各个借阅馆的图书资料的周转、补充和储备。中心书库的馆藏不仅来自于整个图书馆网络，也包括一些不经过借阅馆而直接采购的文献资料，以文学、艺术、历史、传记和古籍为主。

2020 年，中心书库共收藏有 15 万本书、7.5 万张 CD 和 5 000 份乐谱。[7]读者可以通过巴黎市政府设置的图书馆门户网站（bibliotheques.paris.fr/）对中心书库进行检索，并在线预约、指定中心书库将预约到的馆藏运送到某个临近的借阅图书馆，10 天内领取即可。

5. 经费保障

巴黎市政府的财政预算报告显示：

第一，市立图书馆网络的图书馆员薪资均来自财政拨款，且每年向市民公开新增岗位数量。如 2019 财年，图书馆新增 23 个职位；2018 财年，图书馆增设 15 个职位。

第二，除去人员薪资以外，文化支出分成运营类支出和投资类支出两类（参见表 4－2）。[8]图书馆的运营类支出指的是日常经营的支出，包括提供基本的文化服务、组织文化活动等。从 2016 财年至 2019 财年来看，巴黎市立图书馆网络的运营类支出比较稳定，保持在 400 万欧元至 450 万欧元之间，通常占文化运营类支出的 2.0%～2.5%。

图书馆投资类支出指馆舍建筑的新建与维护，馆藏和设备的采购等。从 2016 财年至 2019 财年来看，这类支出会因为兴建或翻新某座图书馆的

表 4-2 巴黎市政府对图书馆体系的投入情况(单位：万欧元)

项目	2019 财年	2018 财年	2017 财年	2016 财年
文化运营类支出 (除人员薪资以外)	18070	17830	18400	18870
—图书馆运营类支出	**420**	**450**	**430**	**430**
文化投资类支出	11250	8070	6840	6240
—图书馆投资类支出	**820**	**700**	**1210**	**850**
其中投资类具体支出	采购新书：440 建筑维护：180 购买设备：90	—	采购新书：450 第 20 区图书馆建设：350	—

(资料来源：巴黎市官方网站。)

馆舍而突然上升，如 2017 财年达到 1210 万欧元，但大部分时候这类支出在 700 万欧元至 800 万欧元之间。

三 借阅服务

1. 用户注册

借阅图书馆与遗产和专业图书馆设有两种不同的注册系统，完成一个系统的注册，会得到一张用户卡，如有兴趣享用另一系统的服务，需进入另一系统进行再次注册，获得另一张用户卡。直至 2020 年 1 月 21 日，巴黎市政府对这项服务进行了优化，新注册用户可以获得一张通用于两个系统的红色用户卡，但仍需完成两次注册。用户卡的有效期为自注册日起的一年内。临到期时，读者需携带有效身份证件和用户卡前往任意一家市立图书馆更新用户卡。

借阅图书馆的注册对所有人开放，无论成人或儿童，无论是否巴黎人。办理注册手续需凭一张有效的身份证件：包括公民身份证、护照、驾照、居留证、难民权申请期临时居留证、家庭亲属关系证或由市府出具的个人身份证明表。

如表 4 - 3 所示，2019 年巴黎市立图书馆网络共计有 29.99 万人注册，占巴黎市民总人口(218.75 万)的 13.7%。借阅图书馆与遗产和专业图书馆的注册人数比是 11.5 比 1。

表 4 - 3　巴黎市立图书馆网络注册人数(单位:人)

年份	总注册人数	借阅图书馆注册人数	遗产和专业图书馆注册人数	付费订阅人数的年度变化	未成年注册人数
2019	299 960	276 036	23 924	－16%	72 263
2018	313 424	289 098	24 326	－12%	74 262

(资料来源：巴黎市官方网站。)

需要注意的是，凭用户卡可以免费借阅各类纸质类馆藏(书籍、杂志、漫画、乐谱)、语言学习类馆藏、电子阅读器等，但视听服务是需要付费订阅的。收费标准如表 4 - 4 所示，付费订阅人数每年都在下降，这可能与读者获取视听产品的渠道日趋广泛有关。

表 4 - 4　巴黎市借阅图书馆的订阅服务收费标准

需求	服　　务	费用
阅读	借阅图书和数字书籍、杂志、漫画、乐谱、语言学习工具等	免费
阅读和聆听	从借阅图书馆和专业图书馆借音乐 CD	30.5 欧元/年
阅读、聆听和观赏	从借阅图书馆和专业图书馆借音乐 CD 和 DVD	61 欧元/年

注：CD 和 DVD 免费借阅给符合条件的残疾人、学生等。
(资料来源：巴黎市官方网站。[9])

遗产和专业图书馆的注册对所有成年人开放。办理注册手续时，除出示有效身份证件以外，还必须提供证件照片。

注册中存在一些特殊的情况：

（1）巴黎市民卡：拥有巴黎市民卡的人，可以之替代图书馆的用户卡，并同时应用于借阅图书馆、遗产和专业图书馆两个系统。无论国籍，7岁以上在巴黎居住的人均可以免费申请办理市民卡，以便于享受更多的文化和社会活动。

（2）未成年人注册：7岁以下的未成年人必须在法定监护人在场的情况下进行注册。7至17岁的未成年人可以通过父母或法定监护人的身份证明和书面授权书进行注册。

（3）与阅读教学相关的专业人士：教师、活动组织者、幼教等可以享受视听订阅的优惠。

所有注册用户都可以享有部分文化活动的优惠，以优惠价购买巴黎市内的展览、音乐会、舞台剧等的门票。相关信息不定期在巴黎市立图书馆网络的官方网站上发布。

2. 借阅规则

巴黎市立图书馆网络内的图书馆的开、闭馆时间并不是统一的。大部分仅开放半天，也并非每天开放，开放时间还会随时调整。读者在去图书馆之前，必须以巴黎市政府网站上公布的时间为准。

如表4-5和表4-6所示，2019年，巴黎市立图书馆网络共接待了570万次的入馆用户，总借阅量为1 206万次。近年来，借阅图书馆的到馆人次和借阅量都有所下降，但遗产和专业图书馆的到馆人次有所增加。读者对数字馆藏和专业馆藏的需求量也在增加。

表4-5　2018—2019年巴黎市立图书馆网络的到馆人次（单位：人）

年份	年度到馆人次	借阅图书馆 年度到馆人次的变化	遗产和专业图书馆 年度到馆人次的变化
2019	5 700 000	－6.8%	不变
2018	6 000 000	－1.2%	＋56%

（资料来源：巴黎市立图书馆网站。[10]、[11]）

表 4－6　2018—2019 年巴黎市立图书馆网络的年度借阅量和变化（单位：册次）

年份	2019	2018
总外借量	12 064 710	－7.9%
	12 836 508	－2.4%
青少年读物	4 783 685	－4.1%
	4 990 476	＋2%
成人读物	4 497 912	－7.7%
	4 848 681	－3.7%
DVD	1 145 070	－15%
	1 347 628	－4.4%
CD 和黑胶唱片	883 382	－18.9%
	1 089 251	－13%
数字馆藏	122 754	＋25%
	97 551	＋24%
专业馆藏	269 998	＋2.2%
	264 543	＋14.2%

（资料来源：同表 4－5。）

就借阅图书馆而言，读者可以在 3 周内借阅最多 20 份馆藏，包括书籍、杂志、漫画、乐谱、语言学习教材、CD 和最多 5 张 DVD。暑假期间，即 6 月底到 8 月底期间，外借期可以延长至 6 周。

较受欢迎的新馆藏会标上“借阅一周”的标记，这意味着读者必须遵守更严格的外借条件，一次最多只能借 3 件这样的馆藏，包括纸质文献和 CD。

借阅要遵守“原借原还”的规则，除非图书馆临时关闭。

如果延期还书，成人每天每份馆藏罚款 0.15 欧元，未成年人每天每份馆藏罚款 0.07 欧元，或暂停借阅 2 周。一旦罚款金额达到 15 欧元，要立即向巴黎市公共财政支付滞纳金。丢失或损坏的文件应按照巴黎议会商定的价格，按照每种文件的固定价格予以补偿。

3. 馆内常设的衍生服务

有三类服务，作为阅读服务的延伸，已成为巴黎市立图书馆网络的常设服务：

（1）为长者送书服务：对于出行有困难的老人等特殊读者，图书馆设有免费的伴读服务，由专门的志愿者将书送上门。

（2）帮学服务：专为中小学生提供的在馆内进行作业辅导和陪读服务，帮助这些学生更好地利用图书馆的资源开展学习。

（3）“伸出的手”语言辅导服务：专为移民等母语非法语的读者提供语言学习和法语写作辅导。

四 数字资源

1. 数字图书馆

借阅图书馆的注册用户（15 岁及以上），可以免费访问“数字图书馆”，借阅超过 1.5 万本书和 200 册有声读物，主要由新小说、杂文和漫画组成。如表 4－7 所示，2018 至 2019 年，数字图书馆的借阅人数和借阅量呈现稳定而强劲的增长。

表 4－7　巴黎数字图书馆的借阅情况（单位：人）

年份	借阅人数	借阅次数	仅使用数字图书馆的读者占比
2019	16 469	122 750	27%
2018	11 555	97 551	27%

（资料来源：同表 4－5。）

每次最多可以借阅 3 本电子书，最长期限为 1 个月。每月最多借 4 本书。31 天结束时，图书将不再可读，等于自动退还书籍，但如果希望在当月借用第四本书，则可以提早归还。电子书可以下载到 5 种不同的电子设备上(计算机,平板电脑,电子阅读器,智能手机等)。除此以外,那些无版权的书籍,可以免费下载,且没有任何限制条件,能够永久保存在自己的账户中。

巴黎市立图书馆网络中提供超过 1 000 台 Sony Reader PRS-T3 阅读器,配备保护套、触摸屏和 Wi-Fi 技术,也会为读者配备 USB/微型 USB 线、充电器和电源线、用户指南。电子阅读器只能通过成人的用户卡借用(每张卡最多可以使用一个电子阅读器)。就像书一样,电子阅读器可以借用 3 周,并且可以续借两次。万一电子阅读器遗失,将要求读者退款(139 欧元)或更换相同的替代品。

2. 在线学习

巴黎市立图书馆网络正在尝试新的培训和学术支持服务。持有用户卡的读者可以登录市立图书馆网站,免费获得以下资源:

第一,语言学习系统。这是由法国公司开发的交互式语言学习系统,可以学习二十几种语言。

第二,知识学习平台。通过该网站可以在线学习艺术与音乐(理论知识、吉他钢琴贝斯等乐器课程);幸福与健康知识(个人发展、健康、性知识、运动和健身等);交通法规(符合考试的要求);烹饪知识(食谱、营养建议);法律(房地产、保险、税收);计算机和软件(电脑的使用、办公软件、编程等);在校学习(覆盖全年级的必修科目的数字资料);急救知识等。这些资源主要是以视频课程的形式呈现。

第三,音乐欣赏平台。读者可以通过图书馆网站免费访问来自巴黎爱乐音乐厅的数字资源,包括 800 场视频音乐会(7 500 个条目)、2 100 场音频音乐会(40 000 个条目)、4 300 个音乐作品、450 部纪录片、160 次会议、420 个教育文件、140 个多媒体收听指南,另外还附有必要的作品介绍、评论等文章。

表 4－8　三大电子资源的使用率（单位：次）

年份	语言学习系统的月度访问量	知识学习平台的阅读访问量	爱乐乐团音乐会的年度观看次数
2019	1 659	15 091	10 398
2018	1 400	10 647	8 600

（资料来源：同表 4－5。）

五 文化推广

1. 引入社会机构开展阅读活动

如表 4－9 所示，巴黎市立图书馆网络每年举办 4 000 余场活动，参与人次在 17 万至 18 万人之间。

表 4－9　巴黎市立图书馆网络的文化活动参与人次（单位：人）

	活动次数	参加人数	参加人数比上年
2019	4 672	173 810	－4.4%
2018	4 447	181 000	+35%

（资料来源：同表 4－5。）

大部分市立阅读推广活动是交由非营利组织 Bibliocité 统筹推进的。该组织原名为“巴黎图书馆联合会”，自 1985 年起一直负责巴黎市的阅读文化活动。2017 年，该机构改名为“Bibliocité”，法语中有“图书馆之城”的意思，宣布其业务范围将不再局限于巴黎市，而是把服务模式拓展到法国其他城市的公共图书馆。此前，在法国，将文化活动的策划与组织外包给政府外机构的做法，是较为少见的。在与巴黎市政府的合作中，Bibliocité 会根据需求，寻找赞助资金和合作伙伴，设计活动方案，选择表演者和演讲者，同时负责公关宣传等工作。

2. 品牌项目之“阅读之夜”

法国文化部自 2017 年 1 月起每年举办一次全国性的“阅读之夜”，由图书馆、书店、博物馆、学校等共同参与，为读者提供免费的“无处不在的阅读乐趣”，包括与作家的见面会、文学表演、文学游戏、阅读马拉松等活动。这项活动已从法国扩大至欧洲其他国家，共计有30个国家和地区同时参与。

但这项活动主要由法国文化部主办。巴黎市只是从场地上来说，提供了主要阵地，因为法国国家图书馆、蓬皮杜公共信息图书馆、国家工艺美术学院图书馆等“阅读之夜”的核心场所都位于巴黎市内，但这些图书馆均不属于巴黎市立图书馆网络。2020年，除国家馆和高校图书馆以外，巴黎市立图书馆网络中，共有4个图书馆参与“阅读之夜”。

3. 品牌项目之“墙外图书馆”

“墙外图书馆”(les Bibliothèques hors-les-murs，BHLM)是自19世纪下半叶以来法国形成的传统项目，即在图书馆外，以移动的、游牧的、巡回的方式提供图书借阅服务。

2000年起，巴黎市公共图书馆网络也开始举行这项活动，并成为主推项目。[12]每年夏季(7至8月)，约40家左右的巴黎市立图书馆自愿参与，共同邀请读者来到公园、广场和花园，一边休闲，一边阅读和讨论书籍。通常，图书馆员会用简易的手推车运送书籍、期刊、平板电脑等，将其放置在开放空间的大地毯上，由市民任意读取。在满足成年读者的同时，“墙外图书馆”也希望吸引更多的青少年读者，希望帮助他们爱上阅读。因此，参与的图书馆会与幼教等专业教育人士合作，确保活动的有序进行。

2015年，巴黎市政府为该活动购置了两个“创意盒”(Ideas Box)，分别安置于第10区和第19区，作为“墙外图书馆”的辅助工具。“创意盒”看似可以滑动的器材箱，20分钟内便可展开为阅读和游戏桌，配备电脑、平板、电子书和纸质书等，且能连接互联网，创造出一个100平方米的文化空间。这类创意设备也是为了帮助“墙外图书馆”活动吸引更多的受众。

2018年“墙外图书馆”活动，是巴黎市立图书馆网络创纪录的一年，合计提供的文化活动场次增加了26%，参与人数超过1.1万人次，比上年增加了35%。

4. 品牌项目之Numok数字节

Numok一词，是“数字化”（numérique）和“公共的”（commun）两个单词结合后的创新词，表明图书馆是人们可以共享新知识和新实践的公共场所。自2015年起，巴黎市立图书馆网络每逢10月举办年度Numok数字节，为期15天，希望为读者提供免费的数字技术体验。每年有约40多个巴黎市立图书馆参与，提供3D打印、电子游戏、交互式阅读等各类免费的活动。这一节日主要由Bibliocité负责确定合作方的活动编排，并将不同的活动合理嵌入不同的图书馆内，另外还要负责购买活动所需物料。2018年，有2600人次参与了Numok数字节。

Numok数字节通常被分为五个方面的主题[13]：

（1）游戏玩家主题：图书馆会提供馆藏的电子游戏供读者使用；

（2）虚拟现实主题：一些图书馆配备了虚拟现实的装备，供参与者体验；

（3）创客主题：在图书馆内传递创客文化，举办创客活动；

（4）公共事务主题：邀请参与者为巴黎市的公共事务出谋划策；

（5）数字研讨会：邀请市民读者和专业人士共同探讨数字化发展的趋势。

5. 品牌项目之“放大音量”音乐节

巴黎市立图书馆网络拥有大量的音乐类馆藏，包括书籍、乐谱、CD、DVD等。为了让市民更大程度地了解和利用这些馆藏，每年，巴黎市大约20多个市立图书馆共同举办“放大音量”音乐节，以宣传这些音乐类馆藏。每届音乐节以不同的音乐流派为主题。2019年11月14日至12月14日举行的音乐节，以拉美音乐为主题，在各个图书馆内举行了一系列的免费音乐会。

六 发展战略

巴黎市最新发布的图书馆战略性规划文本为 2018 年的《读在巴黎——巴黎的阅读与图书馆发展方向》[14]。此处将规划文本摘译如下：

1. 巴黎图书馆：提供有关文化、探索、终生教育的公共服务

（1）为巴黎人提供大量多元、不断更新的、富有吸引力的馆藏

巴黎市立图书馆为用户提供 350 万份可以借阅的文献，包括小说、散文、漫画、精装书、CD、DVD、报纸和杂志。每年约有 450 万欧元用于馆藏更新，可采购 25 万件到 30 万件新的馆藏。这项投资是为了最大可能满足采编多样性的需求，采购受读者欢迎的作品，同时也要保证内容、载体和题材的多样性，为了满足用户不断拓展的期望、视野和观点。

为了鼓励用户对他们不熟悉的作品和想法产生好奇心，图书馆员还开展了重要的推广工作：官网上根据主题推荐作品、发表书评、现场和在线的咨询服务等。未来巴黎市还需进一步促进阅读的多样性。

未来举措：

- 充分利用图书馆的专业馆藏。埃德蒙 · 罗斯坦（Edmond Rostand）的摄影书、让-皮埃尔 · 梅尔维尔（Jean-Pierre Melville）著的中文书……尤其加强社交媒体的运用。
- 全面加入 Eurekoi 网络。Eurekoi 是一个在线知识服务平台，由巴黎的公共信息图书馆（BPI）运营，法国和比利时约 100 家图书馆加入了这一平台。因此，有近 500 名专业人员通过各自的图书馆网站或直接通过 Eurekoi 网站回答读者所提出的问题。读者可寻求任意主题的知识与文献帮助。图书馆员在 72 小时（工作日）内提供答案和参考阅读资料，同时提供研究方法和建议。
- 充分利用馆藏，设计主题书目，以提高公众对某些问题的认知水平。例如，针对性别定型的观点（指社会对性别的角色、气质等存

在固有的期望，也会产生歧视而造成差别对待），推出一些指导书目，尤其是青年文学方面的指导书目。

成功保障：

加强图书馆员的上岗培训和持续培训、文献操作的培训、评估馆藏收支、巩固中心书库的作用。

示范项目：埃德蒙·罗斯坦媒体图书馆的专业馆藏

埃德蒙·罗斯坦媒体图书馆拥有较为小众的专业馆藏，即法国剧作家、诗人埃德蒙·罗斯坦收藏的3 700份摄影书和摄影作品。此前的利用率不高。而今每个月都会与行业协会合作举办公开展览，并提供讲座，同时加强社交网络的运用加强宣传，因而提升了展览和会议的参与人次。

（2）最大化发挥遗产的力量

巴黎市的遗产和专业图书馆拥有极为丰富的捐赠馆藏：如历史图书馆里的巴黎历史和文化实践记录；巴黎市政厅图书馆的实践和行政管理记录；福尼图书馆的视觉艺术和图片、侦探文学图书馆的侦探小说；玛格丽特·杜兰德图书馆的女性题材作品……书写的、美术的和摄影的遗产必须得到妥善的保存，以供后代使用，并提供给研究人员，便于其在现场或在线进行咨询。还必须将其推广给尽可能多的人，确保被广泛共享。

遗产和专业图书馆设有“每月原版”服务，即每个月都会有一组原版的专业馆藏在借阅图书馆中进行展示，帮助读者发现这些宝贵的财富。同时，遗产和专业图书馆的门户网站可以实现200万次以上的数字文献的在线咨询服务。2016和2017年，福尼图书馆和巴黎历史图书馆斥资230万欧元翻新了展览空间，使其可以接待更多人并举办各类活动。“欧洲遗产日”当天，这些遗产类的图书馆接待了2万人。

未来举措：

- 设计评估工具，评估图书馆员和教育领域的老师等对专业馆藏的使用情况。

- 在图书馆数字化发展战略中提升遗产的作用，在社交网络上扩大数字馆藏的价值。

成功保障：

继续图书馆馆藏的数字化工作，创新对馆藏的数字化价值监督工具。

示范项目：1001 本历史性经典馆藏的借阅

2017 年以来，巴黎市历史图书馆开创了一项独特的服务：外借经典读物（17 世纪至 20 世纪 60 年代的文献）。从巴黎市历史图书馆的馆藏中挑选一千本书（都是有多份副本的）。这些书讲述了巴黎的历史故事，很多与历史建筑和城市发展相关。几个月内大概有 240 份馆藏被借阅。

（3）促进文化开放和每个人的表达

图书馆必须成为生活的场所，人们得以在其中获取知识、创作作品，人们从中获得文化带来的惊喜与收获。这就是为什么文化活动在图书馆中占据着必不可少的地位。巴黎市立图书馆网络每年举行 3 500 场活动，吸引超过 13 万读者，这主要归功于和 Bibliocité 的成功合作。图书馆成为向无数居民提供文化服务的首要渠道。图书馆陪伴着读者用户，发现文学的魅力，同时也发现电影、摄影、音乐和其他形式的艺术的魅力。

作家座谈、电影放映、演唱会甚至舞蹈表演都吸引了大批观众。2018 年，11 区的借阅图书馆开展了“作家工作室”项目，目的是在文学创作和大众之间建立牢固的联系。图书馆同时也要鼓励公众进行表达自我：许多图书馆通过写作工作坊、乐器的租赁等，鼓励艺术实践。每年，“放大音量”音乐节都会在整个图书馆网络里组织大规模的音乐会和活动。

未来举措：

- 在巴黎市立图书馆网络内开发写作和艺术家工作室，提供写作研讨计划。

- 构建年度大型活动，创造新的读者有奖竞赛（比如为漫画迷、恐怖小说迷等创造新的比赛）。

成功保障：

图书馆继续参与创造文化亮点行动。

(4) 加强图书馆作为了解世界的工具的功能

① 鼓励分析和批判精神：图书馆就如同市民辩论和反思的场所

今天，巴黎图书馆是交流、辩论的地方，也是发现并学习使用教育工具的地方。图书馆员鼓励用户参与图书馆的生活。从这个意义上说，巴黎市立图书馆网络提供了各种会议和辩论，涉及各种主题的问题（如“时事周四”“地缘政治咖啡馆”），质疑社会问题（如与父母和学校共同举办的“青少年问题”会议等）。

现在，帮助年轻人和老年人提高信息素养，也已成为图书馆的主要工作。

未来举措：

- 通过对人员的培训项目和通过针对公众的工作坊，开展基于媒体的教育项目，以及在图书馆里的信息解密活动。
- 创立一项有关科学和技术文化的活动。

成功保障：

培训图书馆员掌握帮助年轻人解读信息的基本技能。

② 让图书馆在环保方面发挥积极的作用

某些图书馆通过发展特色活动，支持城市和自然环境的可持续发展。例如玛格丽特·尤森纳媒体图书馆等 12 家图书馆设有“谷物库”，允许人们通过以物易物的方式交换开花植物、水果和蔬菜的种子，但不允许使用商业种子，必须是从自己种植的作物中收获的种子，由此加强市民的生态意识并参与行动。

未来举措：

- 建立新的合作伙伴关系，例如与巴黎回收资源网络建立伙伴关系，或是与巴黎当地的生活垃圾处理和回收公共运营商 SYCTOM 建立合作。

- 开发营养学教育行动，在"巴黎市健康营养行动计划"的框架之下展开。

成功保障：

扩大为图书馆员开展的相关培训，将图书馆纳入"可持续巴黎行动者"网络。

（5）促进数字包容并提高对数字文化的认识

实现数字化包容，帮助人们更大程度地使用数字工具，是图书馆的新任务。在《就业促融入的巴黎计划》框架下，2017 年启动了城市数字化包容战略，巴黎图书馆正在采取积极的措施促进数字化便利，让公众获得更多的数字化公共服务、数字化培训和数字化娱乐。

公共学习、发现、创造，这是巴黎图书馆促进用户加强数字化行动的核心。这种"e 包容"涵盖了既要帮助不能够自行使用数字化工具的人，又要通过特定的培训加速那些有基础的公众的学习能力。这种方法尤其适用于照顾老年人对于数字鸿沟的敏感性。

2017 年，34 家巴黎市立图书馆举行了 1 030 多场数字会议或讲习班，培训人次为 2 637 人。这些活动包括 3D 打印、办公自动化，乃至向大众普及使用智能手机的方法。

未来举措：

- 举办有关保护互联网隐私的讲习班，同时讲解免费软件的知识。
- 围绕数字公共空间和公共领域创建活动。
- 在图书馆内增设图书馆创客空间（Bibliofab，用于了解并使用数字媒体和设备的空间），以便让年轻人和老年人都了解机器人技术、计算机代码等。Bibliofab 是巴黎市立图书馆内的一个移动"创客实验室"，其目标是使图书馆中尽可能多的用户可以了解"创客文化"，参与创客活动。这个移动的设施由 3D 打印机、开源软件 DrawBot 和许多与创客相关的资源共同组成，似一个移动的书架。

这个项目是在巴黎市立图书馆、当地的创客平台 Wheeldo 和 Bibliocité 的三方合作下完成的。

成功保障：

加强对图书馆员的数字便利化培训，加强数字资料的获取。

示范项目：Numok，巴黎图书馆里的数字化节日

三年来，Numok 数字体验节是图书馆网络致力于数字文化的一项活动。2017 年共有 40 家图书馆参加，举办 160 多场文化"创客"的活动，包括与计算机相关的活动、数字音乐活动、数字化娱乐设备的活动等……共有 2500 人参与，其中 1600 人为儿童。这说明了图书馆行业可以运用新的技术为公众提供服务，用户也对创新具有明显的兴趣。

2. 巴黎图书馆：构建一个邻近的、无障碍的、欢迎所有人的网络

(1) 加强图书馆网络的覆盖，尤其是对大众社区(指低收入社区)或高密度人群地区的覆盖。

自 2010 年以来，巴黎市新建了 7 座市立图书馆，共计 12500 多平方米，占巴黎当前公共阅读网络的 20%以上。最新的阿西亚・德耶巴图书馆位于 20 区，于 2018 年初向公众开放。在这些新图书馆中，有一些新的专题特色，比如 18 区的瓦茨拉夫・哈维尔借阅图书馆设有与电子游戏相关的项目；1 区的多媒体图书馆设有"都市文化"的主题，还特别关注数字文化和移民，在设计上特别为听觉障碍的读者提供了辅助性的服务。

未来举措：

- 在 19 区建立多媒体图书馆，在 12 区和 13 区各建一座图书馆，继续完善图书馆设施。
- 继续翻新既有的图书馆：包括让-皮埃尔・梅尔维尔媒体图书馆(13 区)、罗伯特・萨巴蒂(18 区)、弗朗索瓦・维永图书馆(10 区)。

成功保障：

让居民、馆员和合作伙伴在开发前期就参与建设项目，并将需求纳入必要的预算中，与区政府合作进行投资。

> **示范项目：大众街区里的图书馆实现现代化发展，2017 年参与式预算支持的一项公民期望**
>
> 巴黎自 2015 年起正式推行参与式预算，即每年有一定比例的政府预算邀请市民投票决定其用途。2017 年参与式预算的文化类入选项目提出了以下建议：翻新和改善 20 个左右坐落于经济欠发达的大众街区的图书馆，包括翻新设施，创造工作和放松空间，提高可访问性，完善用户的舒适度等。
>
> 其中有 7 座图书馆还将加强数字化包容性的建设，尤其是 10 区和 18 区，为用户提供创新服务，如录音室、音乐器材、虚拟现实头戴设备、耳机等的租用。2018 至 2020 年将投资超过 300 万欧元。

(2) 让图书馆的开放时间适应巴黎人的生活节奏

延长巴黎市立图书馆的开放时间，是一个关键性挑战，从而让更广泛的人群受益于图书馆的服务。

2014 年以来，又有 4 座图书馆在周日对公众开放。截至 2020 年，在周日开放的图书馆数量已经达到 7 个。这些图书馆吸引了诸如家庭、学生等不同的受众。还有一些图书馆因为在中午开放，吸引了周边的上班族，例如在巴黎火车站附近的三座图书馆。此外，图书馆的运营时间表应该根据图书馆的规模大小进行调整，以提高馆员的工作舒适度。

未来举措：

- 根据年轻人的节奏，调整开放时间。到 2020 年将有 10 座图书馆在周日开放，继续努力倡议在每个较大的行政区内至少有一个周日开放的图书馆。

- 组织工作组，就图书馆中午开放时间提出建议。
- 与合作伙伴对图书馆工作时间进行磋商（大学图书馆、法国国家图书馆、蓬皮杜的公共信息图书馆等）。

成功保障：

继续进行社会对话；为周日开放的图书馆提供运营资源。

示范项目：周日开放：巴黎的需求和成功的出席率

2017 年底，每周日不少于 5000 人访问 6 座开放的图书馆。基于开放每小时的访问人数，星期日已成为一周访问量最高的一天。爱莲娜贝尔多媒体图书馆于 2017 年起在周日开放，注册人数上升 16%（整个网络注册人数是 2%），这正是由于新的开放时间。

（3）开发和推广远程服务：图书馆门户和数字图书馆

两个在线门户，一个服务遗产和专业图书馆，另一个服务借阅图书馆，为用户提供有效的目录，服务和资源，充分利用图书馆的馆藏。读者可以在家中使用巴黎市立图书馆网络的部分服务，包括延长借阅、借阅电子书、查阅文化活动安排等。自 2015 年 10 月正式开放数字图书馆以来，这些门户网站还提供一系列专业图书馆的数字化文档馆藏，允许查阅丰富的数字化资源：爱乐音乐会、外语自学等。这两个门户网站每年有 490 万次访问和 41.4 万次馆藏预约。数字图书馆目前提供超过 1.1 万份电子书。

未来举措：

- 开发新的数字资源（数字新闻、视频点播电影纪录片等）。
- 继续帮助用户使用电子阅读器和数字图书馆。

成功保障：

不断对代理商进行数字资源培训；加强在线服务产品方面的沟通和采购预算。

示范项目：每天 24 小时在家就可以享用的数字图书馆

小说和纪录片是可以远程下载到电子阅读器、智能手机或平板电脑上的。这项服务受到 8 500 多名用户的青睐，借阅量每季度都会增长。因此，数字图书馆运营的第二年就实现了 7.8 万次借阅。现在，大约 15％的用户仅通过数字方式借阅图书。

(4) 改善接待条件并加强与读者的关系

① 营造更多欢乐活跃的空间与氛围

近十年来，巴黎市一直在进行一项大型图书馆网络的现代化运动，使其符合 21 世纪的需求。巴黎图书馆旨在为所有人提供舒适怡然之所，可以享受平静的时光，也可以参加热闹的活动，能满足阅读、文化、培训、休闲等各方面的需求。

每次新开张的图书馆或再次翻新的工程，都是将实践和新需求融为一体的良机，这种新需求包括社会需求和文化需求两方面。今天，图书馆网络最为活跃的那批用户正在寻求可拓展的、模块化的图书馆设施。他们不仅可以阅读文学或音乐作品，还可以找到进行手工或数字活动的空间，也可以在这里找寻求职的机会，或只是纯粹的休息之地，以上这些功能可以是单独存在的，也可以相互结合。

大量的展示柜可以让馆藏活起来，如弗朗索瓦兹·萨冈多媒体图书馆的书架陈列就像一间书店。创新方式越来越多，如卡纳贝多媒体图书馆的漫画吧像一个酒吧，放置着舒适的靠垫和扶手椅。

未来举措：

- 开发专用于联合办公的空间、能够变通的空间和模块化的空间。
- 让巴黎青年人为图书馆的翻新和新建项目出谋划策。

成功保障：

与装修和建筑项目的主要承包商、合同持有人在合作前期进行充分的沟通，考虑灵活可变通的空间布局。

② 提高图书馆的接待质量："品质巴黎"标签

改善接待条件、改善服务质量是巴黎图书馆的永久命题之一，尤其是在"品质巴黎"的框架下。在巴黎，已有近800个场所或部门获得"品质巴黎"的认证，这是自2008年以来AFNOR这个独立机构进行审核，对优质服务场所给予的一种肯定。

今天，公众正在寻求个性化的服务方式，但与此同时，又要求与图书馆员保持适度的密切关系。在巴黎的23个图书馆里，已经引入了自动借还书的功能，这样做既能够降低图书馆员体力上的工作强度，又能够让他们把更多的时间投入到日常接待或文化活动中，培养他们的活动组织能力和咨询能力。

未来举措：

- 基于对自动化发展趋势的集体反思，重新认识图书馆员这份职业，确保公众接待的质量。

成功保障：

为图书馆员提供有效的工具和行动（发展和延续，特别是接待培训）。

③ 加强注册（图书馆网络）对读者的吸引力

曾经，一位用户如果频繁光顾借阅图书馆与遗产和专业图书馆，就必须拥有两张不同的卡，伴随着不同的注册模式，导致有人中途放弃注册。此外，在网上，借阅某些媒体文件（CD和DVD）还需要额外付费。自2016年以来，巴黎市政府希望促进所有受众使用这些馆藏，并决定向年轻的和弱势的受众免费提供音乐和视频媒体馆藏。也就是说，将由一张用户卡通行整个巴黎市立图书馆网络。

未来举措：

- 创造一张独特的卡，可以通用于借阅图书馆、遗产和专业图书馆两个系统。而这一举措已经在2020年付诸实施。

成功保障：

基于工具的变革进行技术反思，组建一个专注于系统性变革的工作组。

（5）让居民和用户参与

图书馆的现在和未来取决于地方的发展，需要当地市民将自己的热情和能力传递给其他人。希望越来越多的用户将他们自己视作图书馆资产的一部分，他们可以参与一些图书馆的项目，来加强这种感受。例如，有些图书馆鼓励市民和读者参与经营"文学咖啡馆"项目；有些图书馆创立音乐创作项目，为音乐家和用户创建双方都可以参与的开放舞台。巴黎图书馆的用户已经成为图书馆生活的参与者和贡献者，他们的形象也发生了变化。

未来举措：

- 发展志愿者服务，使市民参与馆藏的利用和文化活动的编排。
- 与儿童和青少年一起完成"图书馆员学徒"项目。

成功保障：

图书馆签署自愿承诺章程，为公众传授一些与图书馆相关的技能。

示范项目：20 区阿西亚·德耶巴图书馆与邻里青少年一起采购小说和漫画

这个联合采购漫画和小说的项目是自 2015 年 12 月以来，图书馆与学校合作进行的。志愿学生在午餐时间见面，共同商议漫画、连环画和小说的采购，并设计推荐表、拍摄视频，在图书馆博客上发表文章，向读者推荐这些书籍。

3. 巴黎图书馆：提供促进社会融合和包容的公共服务

艺术和文化教育是巴黎图书馆行动的长期重点工作，旨在帮助所有年龄层的人群培养阅读的兴趣。

（1）促进青少年爱上阅读

① 加强对儿童早期的教育

使儿童从小熟悉书籍和阅读，是消除文盲和文化获取不平等现象的有效方法，这就是为什么在巴黎的市立图书馆网络中，馆藏、项目、空间、文化活动、使用材料等各方面都考虑了幼儿的需求。幼儿父母、看护者和相关工作人员都可以在图书馆中找到婴儿躺椅、布书、橡胶玩具等，以帮助孩子养成阅读的习惯。

如果能加强与幼教机构等合作，让幼教机构和学校享受特殊的、优惠的图书馆视听订阅服务，则图书馆服务将在巴黎市的某些区内走得更远、发展得更好。在20区内的市立图书馆正在培养能接待并照顾孩子的图书馆员，让他们学会为孩子讲故事。

未来举措：

- 与幼儿园、幼托机构等合作，在图书馆内开辟专门服务幼儿的空间并配备相关的资源。
- 与幼儿园、中小企业、社会服务组织等建立合作关系，让图书馆服务儿童，并在图书馆内培训儿童保育的辅助人员。

示范项目：幼儿，是图书馆的重要读者

每年，图书馆员在幼儿园进行210多次“墙外图书馆”活动，2017年服务了10 900位幼儿。“故事时间”是图书馆文化活动的历史传统，也是支柱性活动之一。对于听力障碍儿童，还会配备手语翻译。

② 巩固与学校的长期合作伙伴关系

无论是长期课内项目还是课外活动，教育机构都是巴黎市立图书馆网络的长期合作伙伴。在读学生每次到访图书馆，就是一次文化发现的旅程，可以体会到创作、插画、写作、阅读的乐趣。

2017年，共举行2 750场校园活动，覆盖从幼儿园到高中的61 500名学生，涉及49所初中、160所高中、1 250所小学和1 230所幼儿园。2017年的课余时间里，共举办了580个项目，覆盖8 750名儿童。

未来举措：

- 加强图书馆与当地小学、初中和高中的联系。
- 联合遗产和专业图书馆与教育机构共同开发新的项目，尤其要优先考虑大众社区(低收入社区)的学校。

③ 助力青少年文化品位的培养和人格的构建

在构建品位、个性、敏感性的过程中，青少年是图书馆应该关注的对象。图书馆员可以支持青少年的成长、探索与研究。青少年目前占图书馆注册人数的11%左右。大量图书馆已经开发了针对青少年的项目：漫画馆藏、虚构文学、特设空间、高中里的文学社团、机器人和编程工作坊……

许多图书馆已经开始思考，如何对特定的读者展开有针对性的服务，包括服务章程、与当地大学的合作等，同时也开始让青少年参与馆藏的建设。

目前图书馆有一些针对青少年的特别服务：如三个馆内常设的服务项目之一帮学服务，即为学生提供作业辅导；青少年还可以在图书馆门户网站上找到免费的学习资源和作业帮助。图书馆需要进一步考虑的是，如何让青少年参与图书馆的发展与建设，而不仅仅是图书馆能为他们提供什么服务。

未来举措：

- 动员巴黎青年议会——2003年成立的民主机构，由100位15至30岁的巴黎市民参政议政——评估馆藏、服务和空间对于青少年读者的适用性。
- 促进符合青少年需求的馆藏、资源与图书馆服务。

成功保障：

加强与社会各界的合作伙伴关系，发展馆员与青少年沟通、协调的能力。

示范项目：沉迷于侦探小说和漫画的青少年

每年举办的“漫画奖”都会吸引约 900 名年轻人。每年大约有 20 所市立图书馆参与这项活动。从馆员推荐的候选书目中，成年人和 8 岁以上的儿童能够投票选出他们最喜欢的漫画。

自 2004 年以来，侦探文学图书馆就一直在协调“漫画奖”的举办。这一文学奖旨在促进青年侦探文学以及法国、欧洲文学作品的多样性。鼓励年轻读者选择自己喜欢的作品，有助于促进他们在业余时间参加读书俱乐部，与作者见面，并参与图书馆全年提供的各种文化活动。

（2）为残障人士提升图书馆空间与服务的可获得性

对残障人士而言，巴黎市立图书馆网络及其文献资源的便利性是他们的首要考虑问题。10 年来，为无障碍化改造投入超过 100 万欧元，许多市立图书馆受益于此。

巴黎市立图书馆网络正致力于创建五个“听力障碍中心”，分布于五个借阅图书馆内。这些中心将特设服务听力障碍人士的馆藏，提供法语和手语的双语服务，使听力障碍读者可以参与馆内大部分文化娱乐活动。

巴黎市立图书馆网络还为视觉障碍者提供了两个名为“另一种阅读”的服务中心，为他们提供盲文文献和图像放大器。所有馆员都经过上岗培训，了解这类群体的需求，同时也欢迎残障人士加入馆员队伍。

最后，馆内长期坚持的“为长者送书服务”仍将延续下去，每年为 500 多名无法到访图书馆的老人或残障人士挑书、送书。

未来举措：

- 继续推进关于公共建筑无障碍通行的总体规划。

成功保障：

建立合作伙伴关系，开展代理商培训，帮助更多存在身心障碍的人群（包括残障人士、存在心理障碍的人群等）获得图书馆服务。

示范项目：欢迎残障人士组团到访

每年，巴黎市立图书馆网络接待500多组残障人士的团体到访，包括210组智障人士或自闭症患者。在此期间，图书馆还推出了许多行动，最近一次活动接待了470位参与者。

（3）就近性：加强合作伙伴关系，尤其针对远离文化的受众

巴黎市立图书馆网络一直强调“就近性”（即为周边居民服务）。因此，图书馆已经与各区政府建立了紧密的联系，也因此发展出了许多区内的合作伙伴。

与区内的机构形成合作，令图书馆能够在区内的文化、社会和教育结构中，凸显自己的地位。每年有3 500次图书馆活动，涉及文化、社会和教育领域，也涉及区内的学校、幼托机构、社会组织、音乐学校等。

未来举措：

- 与中央政府签订“地方阅读合约”。这是法国于2010年推出的举措，由文化部与地方政府签订合约，共同出资并发展适应本地发展的阅读推广计划，旨在加强在低收入社区里的阅读推广行动。
- 与巴黎监狱合作，在其中设立图书室，让犯人可以看书。

成功保障：

在优先社区内促进合作伙伴之间的专业交流，优化合作伙伴的资源，区政府参与“地方阅读合约”的实施。

示范项目：与国家签订地区阅读合同

如果与国家签订地区阅读合同，将有可能在三四年的时间里，巴黎市政府将从中央政府获得一定的资助，在优先社区中构建有助于发展大众阅读习惯的图书馆设施。

“地方阅读合约”已在巴黎部分区内实行，旨在消除文盲。年轻人在该地区上学，鼓励他们使用图书馆的服务；同时旨在加强公众阅读网络与大学城之间的联系。最后，还可以通过“插画师工作室”的形式，帮助青年读者获取文学和艺术创作的资源，并提升认知。

(4) 促使图书馆作为了解世界的工具

在图书馆外开展的工作与服务，可以吸引平常不怎么去图书馆的市民，同时也有助于加强社区活力，加强友善互爱的氛围。每年，“墙外图书馆”项目共计服务 2 700 多名成人和 5 500 位儿童。

这些活动提供了一个夏季的有效休闲方案，帮助人们放松，同时可以聆听图书馆员讲述的故事。这一历史性的活动通常是与休闲中心合作举办的。

巴黎市政府希望通过采取具体的行动加强“墙外图书馆”的影响力，并希望尝试在冬季也推行相应的活动。

未来举措：

- 每年继续为儿童和家庭读者组织开展“墙外图书馆”项目。
- 与巴黎社会行动中心(CASVP)共同开发，在冬季推出体育馆中的阅读活动。

成功保障：

除了培训之外，还将通过与他人交流优秀做法来支持图书馆员，特别是与社会工作者交流，以更好地帮助处于困境中的人们。

示范项目：面向低收入人群的图书馆套件——移动化、模块化

2016 年，巴黎市立图书馆网络从无国界图书馆协会获得了两个“创意盒”。图书馆员在公民志愿者的帮助下，在几个月内以可移动的图书馆套件的形式举办了四次活动。

（5）为移民提供服务和资源

巴黎市立图书馆网络制定了社会融合战略，这是许多学校项目的主旨。随着成年和儿童移民人口的增长，要求图书馆迅速改变服务方式和具体的服务内容。

图书馆员的努力，使得这些公共场所有可能成为所有人都能使用的娱乐场所，其行动有助于消除语言获取方面的不平等现象。

许多具体的服务（如公共作家、与读者合作的创意研讨会、计算机和数字化研讨会……）以及文化活动都是基于众多的合作伙伴关系共同完成的。

此外，一些图书馆还提供多语种的馆藏，以满足移民的需求，为他们提供别具吸引力的场所和获取教育的机会。

未来举措：

- 继续加强馆藏的多样化，面向不同的公众（易于阅读的馆藏、外语馆藏等）。
- 加强与社会领域参与者的伙伴关系。
- 在负责处理移民事务的专业人士与图书馆员之间构建合作网络。

成功保障：

对外语书籍进行分类，加强对图书馆员的培训，进一步吸引移民成为图书馆的服务对象，并分享优秀实践。

示范项目：促进法语的融合与学习

母语非法语或法语不熟练的图书馆用户，也应该能从图书馆中获得自己需要的服务，同时能参加在14座图书馆内举办的促进社会联系和融合的对话和研讨会，并从中获益。2017年，这些活动有近8 000人参加，其中包括儿童。巴黎市立图书馆网络内常设的服务之一"伸出的手"语言辅导服务主要服务的就是移民。

（撰文：施雯）

参考文献：

[1] Jaubertie L. Le réseau des bibliothèques de la Ville de Paris, 1967 - 2001[EB/OL]. (2010 - 01 - 01)[2020 - 08 - 05]. https://www. enssib. fr/bibliotheque-numerique/documents/48216-les-bibliotheques-de-la-ville-de-paris-1967-a-2001. pdf.

[2] Baudin G. Les bibliothèques de la Ville de Paris: Bulletin d'informations de l'ABF [EB/OL]. (1976 - 01 - 01)[2020 - 08 - 06]. https://www. enssib. fr/bibliotheque-numerique/index-des-revues? id_article = 54690.

[3] La Liste Des Bibliotheques [EB/OL]. [2020 - 08 - 14]. https://bibliotheques. paris. fr/la-liste-des-bibliotheques. aspx.

[4] Les bibliothèques municipales de prêts [EB/OL]. (2019 - 08 - 16)[2020 - 08 - 06]. https://www. paris. fr/pages/les-bibliotheques-municipales-de-pret-2504.

[5] 60 Ans de Discotheques Publiques [EB/OL]. [2020 - 08 - 06]. https://bibliotheques. paris. fr/60-ans-de-discotheques-publiques. aspx.

[6] Melot M. Le Temps des Médiathèques, in Regards sur un demi-siècle cinquantenaire du Bulletin des Bibliothèques de France, Villeurbanne: Enssib, 2006.

[7] La Réserve Centrale [EB/OL]. [2020 - 08 - 14]. https://bibliotheques. paris. fr/Default/la-reserve-centrale. aspx.

[8] Budget de la Ville de Paris [EB/OL]. (2019 - 10 - 28)[2020 - 08 - 14]. https://www. paris. fr/pages/budget-de-la-ville-de-paris-2529.

[9] Bibliothèques: infos pratiques [EB/OL]. (2020 - 08 - 13)[2020 - 08 - 10]. https://www. paris. fr/pages/bibliotheques-infos-pratiques-2507.

[10] 2019 Bilan de l'année Ecoulée dans les Bibliothèques de la Ville de Paris [EB/OL]. (2019 - 01 - 14)[2020 - 08 - 12]. https://bibliotheques. paris. fr/2019-bilan-de-lannee-ecoulee. aspx.

[11] 2018 Bilan de l'année Ecoulée dans les Bibliothèques de la Ville de Paris [EB/OL]. [2020 - 08 - 12]. https://bibliotheques-admin. paris. fr/bilan-2018. aspx.

[12] Barrio A. Bibliothèques hors les murs: histoire, typologie et enjeux [EB/OL]. (2017 - 01 - 01)[2020 - 08 - 14]. https://www. enssib. fr/bibliotheque-numerique/documents/67412-bibliotheques-hors-les-murs-histoire-typologie-et-enjeux. pdf.

[13] Numok. [EB/OL]. [2020 - 08 - 05]. https://bibliotheques. paris. fr/Numok/.

[14] Lire à Paris-Plan d'orientations pour la lecture et les bibliothèques à Paris [EB/OL]. [2020 - 08 - 10]. https://api-site-cdn. paris. fr/images/100989.

第五章

东京都公共图书馆体系

一 从图书馆立法看日本公共图书馆体系的历史演变

(一)《图书馆令》与战前日本图书馆的发展

日本的近代官立图书馆起源于1872年文部省于东京设立的“书籍馆”(后改为帝国图书馆)[1]。该馆允许任何人前来,是一所公开的图书馆。1899年,日本颁布了《图书馆令》,开启了日本近代图书馆的快速发展时期。《图书馆令》仅有8条378个字,主要内容包括:①道府县以及市町村为收集及公众阅览的目的可以设立图书馆,私人及公私立学校也可设立图书馆;②公立图书馆的设立及关闭须经文部大臣同意,私立图书馆的设立及关闭须向文部大臣报告;③公立图书馆设馆长及书记,并规定了两者的待遇;④公立图书馆可收取图书阅览费[2]。自此,日本的图书馆设立有了明确的法律依据。

《图书馆令》的颁布以及此后的多次修正,从结果上看大大推动了日本图书馆事业的发展。根据文部省的统计,颁布《图书馆令》的第二年(1900年)日本全国仅有43所公共图书馆,而到1930年时则激增至4609所[3]，不得不说这其中有《图书馆令》及其修正版本的很大功劳。

（二）《改正图书馆令》与战前“中央图书馆”体系

《图书馆令》颁布之后，共经历4次修正，分别是1906年、1910年、1921年以及1933年，其中以1933年的全面修正最为重要，因而这次修正后的版本也被称为《改正图书馆令》。修正后的图书馆令共有14条，主要修正内容包括：①要求图书馆增加“社会教育附属设施”并承担“社会教育”的职责；②扩大图书馆设置主体的范围（如商工会议所等公共团体）；③设立针对图书馆事业以及社会教育事业的奖励金制度；④各道府县的地方长官（相当于如今的知事）应在管辖区内的公共图书馆中选择一所指定为“中央图书馆”，以便对管辖区内的图书馆开展统一指导与联络；⑤私立图书馆的设立由报告制改为认可制；⑥允许公立图书馆收取阅览费及附属设施使用费[4]。本次修正中，一个重要之处是“中央图书馆”体系经由法律得到了确认。实际上，在文部省的支持下，帝国图书馆已于2年前（1931年）牵头成立了“中央图书馆馆长协会”，提前宣告了“中央图书馆”体系的诞生。帝国图书馆位于全国图书馆体系中的顶点，各道府县的道府县立图书馆作为当地的中央图书馆，统领道府县内的其他图书馆，进而构成了图书馆的“中央集权”体系。

在《改正图书馆令》颁布的1年内，共有30个道府县指定了中央图书馆。到日本战败时，除栃木县、神奈川县、爱知县、兵库县以及岛根县以外，其余道府县都已设置了中央图书馆[5]。

（三）《图书馆法》与战后日本图书馆事业的重新起步

“二战”后，日本公共图书馆数量由高峰时的4700余所，下降到了1947年的1551所[6]。盟军最高司令官总司令部（GHQ）设立了图书馆担当官（Library Officer），对日本的图书馆制度开展改革。在这一背景下，日本于1950年颁布了《图书馆法》[7]，开启了日本图书馆发展的新时代。和战前的《图书馆令》相比，《图书馆法》不仅在内容上丰富了许多，其理念也有较大变化：①明确图书馆的"公共性"，规定图书馆的设置主体是地方政府或《民法》第34条规定的法人（带有公益性质的法人）；②明确图书馆的本质功能是提供"图书馆服务"，为日本战后图书馆的发展指明了方向；③废除"中央图书馆制度"；④确立公立图书馆免费提供服务的制度；⑤完善图书馆的"职员制度"，确立了图书馆员的"研修体系"；⑥倡导图书馆之间开展合作与资料互借；⑦对于私立图书馆，实行"自由经营"的原则，政府不得干涉；⑧承认"图书馆同类设施"的概念，任何人都可以设置该类设施[7]。

二　两个维度看日本现行的公共图书馆体系

（一）从行政区划层级的维度

日本宪法规定，日本实行"地方自治"的制度，即与居民日常生活密切相关的公共事务由地方公共团体（亦即地方政府）进行管理，图书馆的建设与发展当然也在此类事务之列。由于日本的地方公共团体分为都道府县和区市町村（仅东京都有特别区），因而从行政区划层级的维度来看，日本的公共图书馆体系呈现"国家（国立国会图书馆）——都道府县（都道府县立图书馆）——区市町村（区市町村图书馆）"三个层级。但与《图书馆令》时代的不同，现行三个层级的图书馆已不存在行政上的上下级关系，取而代之的是根据法律法规确定的义务和职责。

1. 国立国会图书馆与其他图书馆的关系

根据《国立国会图书馆法》[8]，国立国会图书馆与其他图书馆的关系包括：①可以通过馆际互借为一般公众的使用和研究提供相应资料；②制定全国图书馆资料资源的综合目录以及为使用这些资源所需的其他必要目录[9]。

2. 都道府县立图书馆与其他图书馆的关系

根据《图书馆法》以及文部科学省2012年全面修订的《图书馆的设置及运营基准》[10]规定，都道府县立图书馆有义务在接到域内图书馆的协助要求时，给予以下支援：①提供与介绍图书资料；②情报服务；③图书馆资料保存；④乡土资料及地方行政资料的电子化；⑤图书馆职员研修；⑥其他与图书馆运营相关的事项。此外，都道府县立图书馆还负有以下职责：从提升域内图书馆服务的角度，对区市町村图书馆的设置及运营进行必要的指导与建议；加强与调整域内各图书馆之间的相互联系。

总的来说，都道府县立图书馆在服务民众的同时，更承担着“图书馆的图书馆”这一职责，是域内区市町村图书馆运营与发展的坚实后盾。

3. 区市町村图书馆与其他图书馆的关系

《图书馆法》以及文部科学省《图书馆的设置及运营基准》中，区市町村图书馆更多承担了“一线服务”的职责，服务内容更贴近居民的日常学习生活。除图书资料出借以及情报服务外，还被赋予了通过提供情报及资料协助应对区域内社会课题的职责，如提供与求职创业和居民日常生活有关的信息，以及为地方政府决策及行政事务执行与改善提供必要信息。此外，对于特殊人群的服务（如婴幼儿监护人、高龄老人、残疾人、外国人）、终身教育服务（如举办讲座、展览、支持居民自主学习等）、推动志愿者活动等领域，区市町村图书馆也要承担相应的职责。

相应的，当区市町村图书馆无法独立应对或提供相关服务时，可以向都道府县立图书馆提出援助请求。

（二）地方自治体内部的维度

1. 都道府县层级

从都道府县层级来看，目前所有的都道府县都设有都道府县立图书馆，其中大部分设立单座图书馆，少部分采用“中央图书馆（有些名称中不含‘中央’二字)—第二图书馆”的模式。其中,中央图书馆一般藏书较多,第二图书馆一般藏书较少且偏重于某些特定领域。还有极小部分都道府县立图书馆运用移动图书馆的方式提供服务。

2. 区市町村层级

日本图书馆协会制定的《公立图书馆的任务与目标》[11]对区市町村图书馆体系进行了如下的设计:

① 图书馆体系是指由一个自治体(区市町村)内多个图书馆设施所组成的、为满足居民获得资料和情报而形成的有机组织结构。它由作为核心的中央图书馆、区域馆以及移动图书馆构成。

② 图书馆系统应以中央馆为核心,制定统一的服务计划,以求达到整体化的最佳服务效果。

③ 根据人口数量以及人口分布合理设置中央馆和区域馆,以求将尽可能多的居民纳入服务圈内。对于未纳入服务圈的居民,则采用移动图书馆巡回的方式提供服务。

④ 组织完善的物流系统,以实现区域馆和中央馆以及区域馆之间的图书资料流通体系。

根据《公立图书馆的任务与目标》,区市町村图书馆网络采用“中央馆—区域馆”的体系,并辅以一定数量的移动图书馆。但此制度不同于日本战前的“中央图书馆”体系,两者并非“上下级”关系,其区别在于功能、所处区域以及藏书量,并且也非所有的区市町村都采用了“中央馆—区域馆”的模式。日本所有都道府县都设立了相应的都道府县立图书馆,但仍有部分区市町村尚未设立公立图书馆,其中有一些以福利机构或其他机构的图书室的形式存在(不属于《图书馆法》所认可的图书馆)。日本图书馆协会2019年的统计数据显示,全国1 741个区市町村中,仍有403个没有设立公立图书馆[12]。这其中,经济与人口规模更大的市区(98.9%)比町村(57.5%)的公立图书馆设置比例更高。

表5－1　日本都道府县与区市町村图书馆设置概况（2019年）

	都道府县立图书馆	区市町村立图书馆		
		区市立图书馆	町村立图书馆	合计
自治体数量（个）	47	815	926	1 741
设置图书馆自治体数量（个）	47	806	532	1 338
图书馆总数（所）	58	2 607	619	3 226
自治体均图书馆数（所/自治体）	1. 2	3. 2	0. 7	1. 9
自治体总人口（万人）	12 770. 7	11 670. 8	1 099. 9	12 770. 7
设置图书馆自治体总人口（万人）	12 770. 7	11 627. 4	824. 8	12 452. 2
移动图书馆数（辆）	2	418	120	538
每十万人图书馆拥有量（所/十万人）	0. 05	2. 23	5. 63	2. 52
自治体图书馆设置率（%）	100	98. 90	57. 45	76. 85
图书馆人口覆盖率（%）	100	99. 63	74. 99	97. 51

（数据来源：《日本公共图书馆统计（2019）》，日本图书馆协会。）

三　东京都公共图书馆的建设与运营现状

东京都作为亚洲首屈一指的国际大都市，同时也是日本的首都，承担着政治、经济、金融等一系列重要职责。东京都约有人口 1 376. 8 万，面积 2 193. 96 平方千米，GDP 约为 9 656 亿美元（2018 年）①，人均收入是日本全国的 1. 68 倍[13]，可以说是汇集了日本大部分的经济、金融和政治资源。

同时，东京都也是日本图书馆行业的中心。不仅建立了日本近代第一所图书馆，其后帝国图书馆与国立国会图书馆等国家级图书馆也设置在此，代表日本图书馆行业发展方向的日本图书馆协会同样位于东京都内。东京都图书馆系统是日本图书馆行业的服务模范以及探索的先驱。

① 按国际货币基金组织公布的 2018 年美元兑日元平均汇率 110. 42 计算。

东京都立图书馆在东京都内各区市町村公立图书馆的协助下，每年进行一次“东京都公立图书馆调查”并公布调查结果。调查内容包含图书馆数量、馆藏数量、借阅数量等多个方面的详细数据，可以借此了解东京都内公共图书馆的运营现状。

（一）图书馆建设情况

2019 年统计数据显示[14]，东京都内有公共图书馆共计 391 所，馆藏量约 4 996 万册，平均每十万人拥有图书馆 2. 8 所，每所图书馆服务范围为 5. 6 平方公里，东京都人均拥有馆藏量为 3. 6 册。分区域来看，人口最密集、经济最发达的区部①拥有的图书馆最多，图书馆分布最密集；普遍位于偏远乃至离岛地区的町村则拥有最高的人均馆藏量，每十万人拥有图书馆数量也是最多的。不过，目前东京都仍有 4 个村未设置公共图书馆（利岛村、新岛村、御藏岛村、小笠原村）②，且这 4 个村均位于离岛地区。

表 5－2　东京都公共图书馆图书馆建设情况（2019 年）

		服务人口（万人）	服务面积（平方千米）	图书馆数（所）	馆藏数量（万册）	每十万人拥有图书馆（所/十万人）	每所图书馆服务面积（平方千米）	人均馆藏数量（册/人）
都立图书馆		1 376. 8	2 194. 0	2	263. 4	—	1 097. 0	0. 2
区市町村	区立	951. 5	619. 0	228	2 776. 4	2. 4	2. 7	2. 9
	市立	417. 2	784. 0	151	1 900. 4	3. 6	5. 2	4. 6
	町村	7. 6	618. 7	10	55. 9	13. 2	61. 9	7. 3
合计		1 376. 8	2 194. 0	391	4 996. 0	2. 8	5. 6	3. 6

注：町村图书馆数据含东京都离岛地区的图书馆。
（资料来源：《东京都公立图书馆调查（2019）》，东京都立图书馆。）

---

① 指东京都中心地区的 23 个特别区。
② 4 个村中的新岛村及小笠原村设有规模较小的图书室。

（二）图书馆运营情况

2019年统计数据显示，全年共有6088.4万人次到访东京都内的各大公共图书馆，馆均接待15.6万人次，其中馆均接待人数最多的是东京都立图书馆(27.4万人次)，而偏远地区的町村图书馆接待人数仅为都立图书馆的4%(1.1万人次)。单馆日均接待人数最多的同样是都立图书馆(840人次)，町村图书馆最少(39人次)。以东京都2019年人口来计算，全年人均资料借阅达到8.1册，注册读者覆盖率为43.0%，有效注册[①]读者覆盖率为16.1%。

（三）图书馆预算情况

2019年，东京都所有公共图书馆的总预算为35464.7万美元[②]，市民人均图书馆经费为25.8美元，馆均图书馆经费为90.7万美元。其中，都立图书馆的预算最高，馆均为694.2万美元，其次为区立图书馆(馆均112.4万美元)，市立图书馆(馆均55.1万美元)，町村图书馆(馆均12.9万美元)。从东京都公共图书馆总预算的具体使用方向来看，"委托费""其他费用"和"临时经费"是最大的三个项目，分别占到45.5%、17.5%和15.0%，用于采购各类图书资料的"资料费"占比为11.9%。从预算的使用方向中可以一瞥东京都图书馆的运营重点和现状。需要注意的是，图书馆专职人员的薪酬和各类补助不含在总预算内。

（四）图书馆工作人员

2019年，东京都公立图书馆职员总人数为3116.5人[③]，平均每名图书馆职员需要服务4417.8人。在区市町村图书馆中，町村图书馆每名

① 有效注册指上一年度中有过使用记录的读者。

② 按国际货币基金组织公布的2019年美元兑日元平均汇率109.01计算。

③ 兼职人员与临时人员一年中工作满1500小时计为1人，因而会出现不满1人的情况。

表 5－3　东京都公共图书馆图书馆运营情况(2019 年)

		年开馆天数（天）		年来馆人数（万人次）		注册人数（万人）		资料出借（万册）			资料预约出借（万册）
		总天数	馆均数	总人数	馆均数	总人数	有效注册	个人	团体	其他自治体	
都立图书馆		652	326.0	54.8	27.4	—	—	—	—	7.2	0
区市町村	区立	72 636	318.6	4 483.7	19.7	349.0	126.4	7 711.8	230.4	17.7	2 091.7
	市立	46 644	308.9	1 538.5	10.2	240.3	94.4	3 413.5	66.7	11.0	777.7
	町村	2 837	283.7	11.3	1.1	2.8	0.8	25.3	1.7	0.2	2.0
合计		122 769	314.0	6 088.4	15.6	592.1	221.6	11 150.7	298.8	36.1	2 871.4

注 1：东京都立图书馆不提供个人资料外借服务，因此没有注册人数和出借资料的数据。
注 2：町村图书馆数据含东京都离岛地区的图书馆。
（资料来源：《东京都公立图书馆调查(2019)》，东京都立图书馆。）

表 5－4　东京都公共图书馆图书馆预算情况(2019 年)

		资料费（万日元）	薪酬（万日元）	讲师礼金（万日元）	委托费（万日元）	其他费用（万日元）	临时经费（万日元）	合计（万日元）
都立图书馆		32 188.3	11 411.6	1 556.8	66 101.7	32 885.2	7 206.8	151 350.4
区市町村	区立	290 374.9	151 950.8	6 458.3	1 463 987.8	391 725.6	491 796.2	2 794 024.8
	市立	135 079.8	213 394.3	4 640.6	227 068.9	249 144.4	80 094.1	906 625.9
	町村	3 145.5	4 503.0	32.4	2 170.7	3 642.9	515.3	14 009.8
合计		460 788.5	381 259.7	12 688.1	1 759 329.1	677 398.1	579 612.4	3 866 010.9

注 1：“资料费”包括图书费、杂志报纸费、视听资料费、其他图书馆资料费、无法区分资料费；“薪酬”指非专职人员的报酬。
注 2：图书馆专职人员的薪酬和补贴不含在总预算内。
注 3：表中数据仅统计了各图书馆上报的信息，尚有较多数据未上报，无法统计。
（资料来源：《东京都公立图书馆调查(2019)》，东京都立图书馆。）

职员服务人口最少，为 1 928.9 人，其次是市立图书馆的 2 616.7 人。而在东京都中心区域的区立图书馆职员的服务压力最大，人均服务人口达到 14 033.9 人。在东京都公立图书馆的所有职员中，正式职员仅占 44.4%，非正式职员比例超过半数。

表 5－5　东京都公共图书馆图书馆工作人员情况（2019 年）

		正式职员（人）	兼职职员（人）	临时职员（人）	合计（人）
都立图书馆		106	43.6	7.9	157.5
区市町村	区立	723	718.8	83.4	678.0
	市立	547	771.9	275.5	1 594.4
	町村	8	17.6	13.8	39.4
合计		1 384	1 551.9	380.6	3 116.5

注：本表统计中，兼职人员与临时人员一年中工作满 1 500 小时计为 1 人。
（资料来源：《东京都公立图书馆调查（2019）》，东京都立图书馆。）

（五）图书馆事业发展目标

2020 年之前，东京都只在 1970 年发布过公共图书馆事业的发展目标，即《图书馆政策的课题与对策——东京都公共图书馆的振兴措施》[15]（下文简称《措施》）。《措施》总结了东京都公共图书馆当时的建设现状，并对公共图书馆建设、藏书、图书外借量等指标提出了短期和长期目标。不过，《措施》只是针对图书馆发展建设的指导，并不作为强制要求。

表 5－6　东京都 1970 年提出的公共图书馆发展目标

	1970 年现状	短期目标	长期目标（10 年）
设置密度	31.8 km^2/馆	3.14 km^2/馆 （1 千米半径）	1.54 km^2/馆 （700 米半径）
馆舍面积	—	—	320 m^2～710 m^2 不等
注册率	全体人口的 2.5%	—	全体人口的 20%

（续表）

	1970年现状	短期目标	长期目标(10年)
人均藏书量	0.23册	1册	2册
人均年借阅量	0.26册	—	4册

注：馆舍面积按照服务人口规模分为8档，最低为5000人规模，最高为40000人规模。
（资料来源：《图书馆政策的课题与对策——东京都公共图书馆的振兴措施》，东京都图书馆振兴对策项目组。）

四　东京都公共图书馆系统体系结构与运行方式

（一）东京都公共图书馆系统体系结构

从政府层级的维度来看，由于东京都是日本的首都，也是日本唯一的国立图书馆所在地，因而东京都公共图书馆体系结构表现为三层级的态势，即“国立图书馆——都立图书馆——区市町村图书馆”，而在日本其他地区则仅有两个层级。但是实际上，国立图书馆与其他两个层级的图书馆之间的关系较为松散，远不如都立图书馆与区市町村图书馆之间的协作来得紧密。

从东京都自治体内部的维度来看，东京都立图书馆无疑是处于整个东京都图书馆体系的核心位置，并以“图书馆的图书馆”这一形式出现，但它不向广大市民提供直接的资料出借服务。处于服务市民一线的是各个区市町村的图书馆，其核心是各个区市町村图书馆的中央馆，围绕中央馆的则是区域馆及其分馆（室）等。

（二）东京都立图书馆与区市町村图书馆之间的运行方式

1. 都立图书馆与区市町村图书馆之间的联系

东京都立图书馆作为东京都内“图书馆的图书馆”，承担着为区市町村图书馆提供支持的职责。具体体现为图书出借业务以及图书馆支援业务。

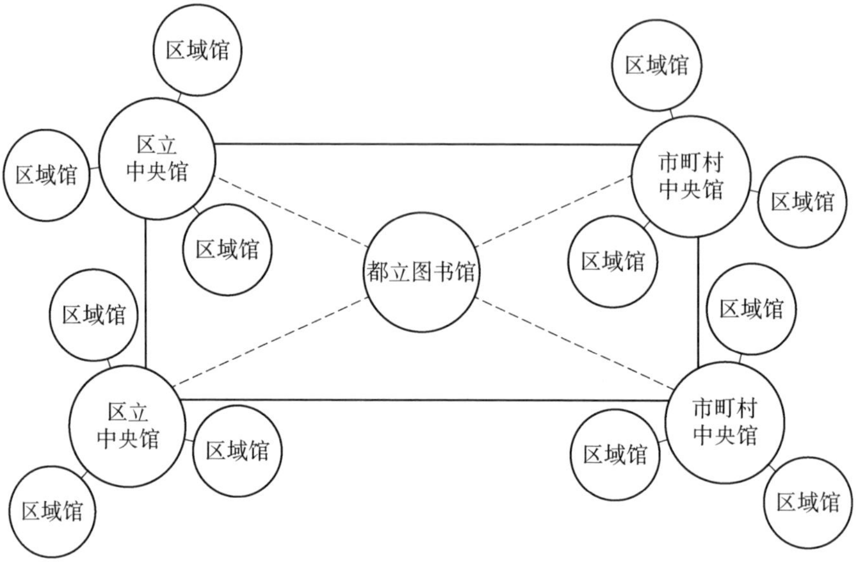

图 5－1　东京都公共图书馆系统体系结构

（资料来源：上海图书馆整理制作。）

图书出借业务：对于区市町村图书馆未收入而都立图书馆有馆藏的书籍资料，都立图书馆提供出借服务。东京都立图书馆将东京都图书馆分为多个分区，每个分区每周由图书运输车运送一次出借图书至该区市町村的中央馆。该运输车还可协助区市町村馆之间的图书运送工作。

图书馆支援业务：①举行面向区市町村图书馆职员的培训班与研讨会；②向区市町村图书馆派出讲师进行业务指导；③接受区市町村图书馆的职员作为短期研修生参与都立图书馆的工作；④定期举办“东京都图书馆研究交流会”，供东京都内图书馆的从业人员探讨图书馆未来的发展方向，学习先进的图书馆运营经验；⑤负责图书互借综合检索系统的运行；⑥实施年度的东京都公立图书馆调查与分析；⑦制作东京都公立图书馆索引；⑧邮件杂志《e—协力杂志》的制作与发布；⑨其他公文的发送、向东京都外图书馆的资料出借、东京都公立图书馆长联络会的运营等。

2. 区市町村图书馆之间的联系

区市町村之间的图书馆联系主要由各区市町村的中央馆负责实施，

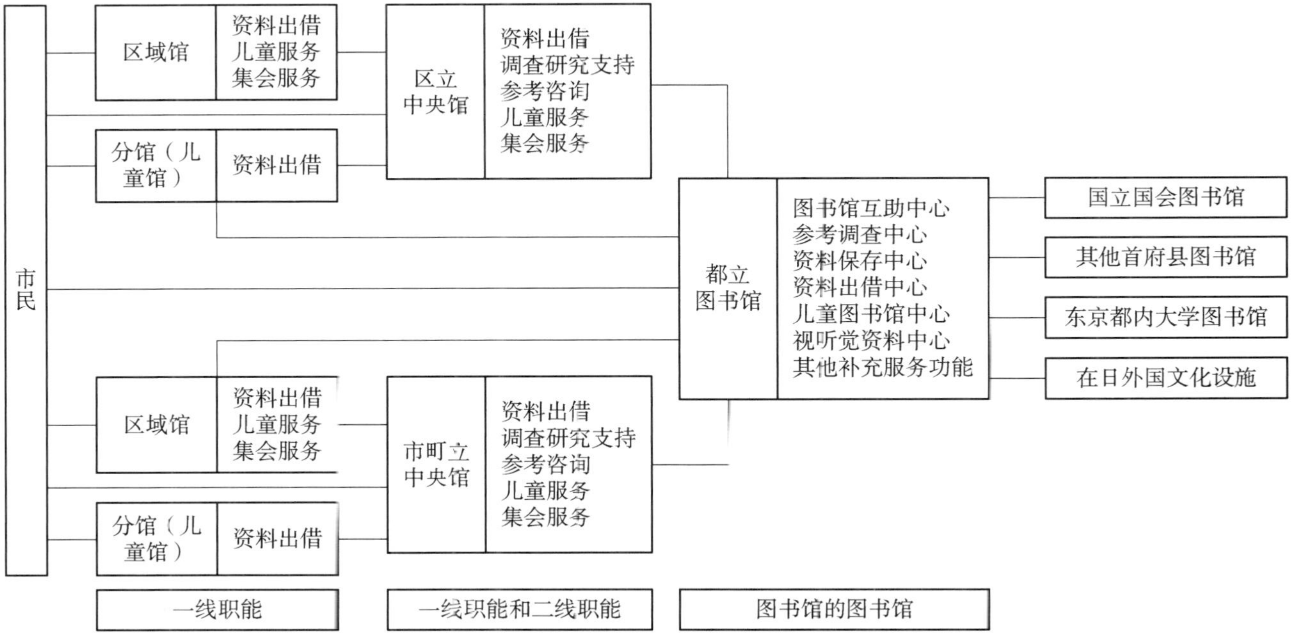

图 5－2　东京都内公共图书馆之间的职能划分

（资料来源：上海图书馆整理制作。）

如图书互借等。区市町村内部则以中央馆为核心，开展调查研究、参考借阅等活动。在这一过程中，中央馆在本地区内发挥“图书馆的图书馆”这一功能，同时兼顾面向居民的一线服务职能。而区域馆则主要依托中央馆开展一线服务职能，是东京都内公立图书馆系统“最前沿的服务窗口”。

五 东京都立图书馆

（一）东京都立图书馆介绍

1. 东京都立图书馆历史

东京都立图书馆始于1908年的东京市立日比谷图书馆①，其后东京市内建造了多座图书馆，全部归属于东京市立图书馆系统。至1915年，已经形成了以日比谷图书馆为核心，共包含19所图书馆的东京市立图书馆体系。1950年，位于东京都区部的图书馆除日比谷图书馆外全部移交各区管理。1973年，东京都立中央图书馆开馆。1987年，东京都立多摩图书馆开馆。其后直至2009年都立日比谷图书馆移交给千代田区为止，东京都立图书馆一直维持着3馆运行的体制[16]。而在此之后直到现在，则是进入了都立中央图书馆和都立多摩图书馆两馆运行的时代。

2. 东京都立中央图书馆和东京都立多摩图书馆介绍

（1）东京都立中央图书馆

地理位置：位于东京都港区有栖川宫纪念公园内（港区南麻布5－7－13），属于东京都内的高档地段。

馆舍情况：馆舍为地上5层地下2层的钢筋混凝土建筑，总面积23196.21平方米。

馆藏情况：馆藏总量约208万册，其中开架馆藏约35万册，馆内共有

① 当时东京还存在“东京市”和范围更大的“东京府”两个行政建制，东京市范围大体相当于目前的东京都23区。1943年，东京都成立，东京市和东京府同时废除，东京市立图书馆也都改为东京都立图书馆。

916 个阅览席位。

开放时间：开馆时间为周一至周五上午 10 点至晚上 9 点，双休日及国定假日为上午 10 点至下午 5 点 30 分。闭馆时间包括每月第一个周四的馆内整理日，每月 1 天的设备检修日，每年不超过 12 天的特别整理日，以及 12 月 29 日至次年 1 月 3 日。

服务重点：主要服务东京都区部市民以及离岛地区的居民，侧重于调查研究功能，并承担保存东京都地方相关资料的职能。该馆不提供个人图书资料外借服务。

(2) 东京都立多摩图书馆

地理位置：位于东京都多摩地区的国分寺市(国分寺市泉町 2 - 2 - 26)。

馆舍情况：馆舍为地上 3 层的钢筋混凝土建筑，总面积 8 982 平方米。

馆藏情况：馆藏总量约 285 万册，其中开架馆藏约 10 万册，馆内共有 227 个阅览席位。

开放时间：同东京都立中央图书馆。

服务重点：主要服务多摩地区的市民，以面向儿童及青少年的服务为主要职责之一，并设有“东京杂志期刊银行”。该馆不提供个人外借资料服务。

(二) 东京都立图书馆组织架构

在东京都立图书馆的组织架构中，中央图书馆馆长负责管理整个都立图书馆的事务。东京都立图书馆协议会作为根据《图书馆法》设立的机构，由大学教授、公务员、企业管理人员以及社会人士共同组成，为馆长提供关于运营与服务的各类咨询。都立多摩图书馆仅是由整个图书馆架构中的三级机构负责。从整体来看，东京都立图书馆内部的组织架构并不复杂，这和该馆服务目标明确且不提供个人外借服务等原因有关。

各个部门的职能范围如下。[17]

总务课：负责文书管理、人事与薪酬、预决算和会计、中央图书馆的设施设备维护管理、中央图书馆内的秩序管理、与都立多摩图书馆的联络等。

企划经营课：经营计划的制定、宣传与统计调查、东京都立图书馆协议会事务、信息技术的应用、图书馆信息系统的运营、对都内图书馆以及学校的联络与支持、为都内未设图书馆区域提供服务、都内图书馆职员的培训、与海外图书馆的交流、图书馆馆报等的编辑与发行等。

多摩图书馆：负责多摩图书馆的日常运营事务。

资料管理课：都立图书馆的资料选定与收集、都立图书馆资料的整理与保存等。

情报服务课：制定总体的情报服务计划、中央图书馆的情报服务事务、中央图书馆特别文库室的资料收集以及整理保存、与东京都本信息报相关的视听资料的收集以及整理保存、为东京都政府的政策立案提供情报服务、中央图书馆视障人士服务、中央图书馆图书资料复印服务等。

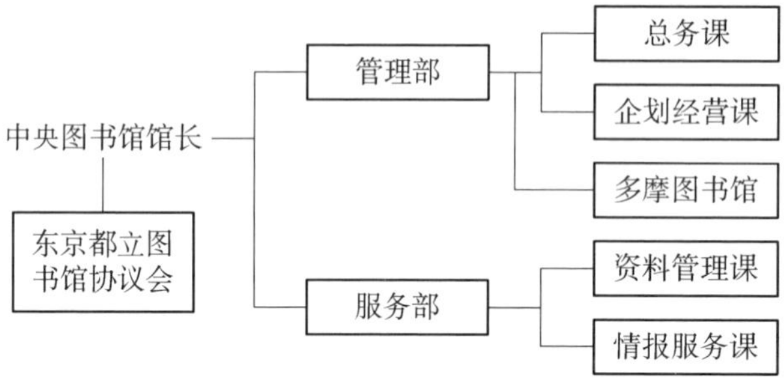

图 5－3　东京都立图书馆组织架构示意图

（资料来源：《事业概要（2020）》，东京都立图书馆。）

（三）东京都立图书馆发展计划

东京都立图书馆于 2018 年 1 月制定了最新的图书馆发展计划《都立图书馆实施计划 2020》[18]，以 3 年为期限，规划了东京都立图书馆到 2020

年的发展目标与方向。

整个计划分为三大部分：一是面向2020年东京奥运会，将与东京都这座城市相关的各类信息向国内外进行积极推广宣传；二是面向东京都，为东京都市民的学习以及各种知识活动提供支持；三是面向都立图书馆内部，完善图书馆的软硬件环境。

1. 面向东京奥运会的措施

（1）营造奥运氛围，收集与发布相关信息

具体措施包括：①在中央图书馆展示区域增加奥运相关内容；②增加奥运主题的讲座等活动次数；③收集与奥运会及残奥会相关的资料；④创建网站“东京奥运会与残奥会的世界”；⑤与区市町村图书馆开展相关合作。

（2）向国内外推广宣传东京都的城市形象

具体措施包括：①增加“东京”主题的讲座与研讨会数量；②引入“东京主题”的参考服务；③展示区中增加“东京城市角”；④与“东京”相关的语音图像资料的开发利用；⑤推动与“江户”（东京古称）、“东京”相关资料的数字化及公开；⑥设立与“江户”“东京”有关的网站。

2. 面向东京都的措施

（1）加强图书馆的参考服务功能

具体措施包括：①对潜在的服务对象开展大规模的问卷调查；②在调查结果的基础上，中央图书馆开展有侧重的情报服务。

（2）为服务对象的个人学习提供支持

具体措施包括：①增加“东京杂志期刊银行学院”（Tokyo Magazine Bank College）举办活动的次数与种类；②为大学的各类研讨会提供支持；③完善图书馆的参观活动。

（3）运用外语资料提供服务

具体措施包括：①外语资料的集中上架摆放；②定期举办面向外籍人士的英语说明会；③提升外语资料检索的便利度；④与各国际交流团体开

展合作。

（4）进一步扩大对学校的支持

具体措施包括：①加强与学校以及相关政府部门的联系；②通过校外学习包的形式提供支持；③通过讲座入校园的形式提供支持；④完善学校支持网站的内容。

（5）为东京都政府提供支持

具体措施包括：①加强对政府政策立案的支持；②加强与东京都政府设立的其他图书馆（如东京都公文书馆等）的协作。

3. 面向都立图书馆内部的措施

（1）有效利用现有馆内设施

具体措施包括：①为读者提供自主深度学习的空间，如在闭馆日提供校外学习活动空间等；②开展展示空间的外租服务。

（2）完善与学习相关的空间和设施

具体措施包括：①在设施老化程度调查的基础上实现设施更新；②阅读桌椅分阶段更新；③改善和增设卫生间设施。

（3）打造多样化的信息源环境

具体措施包括：①完善电子书检索功能；②在馆内提供电子书终端阅读服务。

（4）人才培养

具体措施包括：①实施职员培训的新方案；②鼓励职员取得各类专业资质；③完善图书馆运营体制。

4. 积极开展东京都立图书馆的宣传

具体措施包括：①利用新技术开展宣传，如制作多语种版本的宣传动画等；②运用新的宣传思路，更多开展与读者面对面的宣传活动，并加强对外籍人士的宣传。

（四）东京都立图书馆的特色馆藏与服务

1. 特色馆藏

（1）东京都立中央图书馆的特色馆藏

都立中央图书馆的特色馆藏主要包括三部分：特别文库室资料、东京资料以及海外资料。

特别文库室主要收藏自江户时代后期至明治时代中期的图书资料，目前共有约 24.3 万件。资料形式多种多样，包括和书（日本古书）、汉籍（中国古书）、绘画、地图、书简、拓本、照片等，其中有大量属于孤本资料。

东京资料主要收集了明治时期后发行的与江户和东京有关的资料，包括东京都政府各部门以及区市町村政府发行的行政资料、各类团体及出版社编辑发行的乡土资料等共计约 247 900 件。另有东京都及区市町村政府的各类宣传资料以及报纸、杂志等约 2 110 种。在馆内的“东京档案”以及“东京都市记忆”等区域，展出了收藏的一部分写真帖、近代地图、政府资料等。

海外资料主要包括各类外语辞典、工具书、具有较高价值的学术研究类书籍等。其中尤以与日本有关的外语书籍、日本文学的各国翻译本为特色，这些收藏中的一部分在“Books on Japan”区域内进行展出。

（2）东京都立多摩图书馆的特色馆藏

都立多摩图书馆的特色馆藏主要包括三部分：山本有三文库、杂志期刊创刊号收藏以及儿童青少年资料。

山本有三文库来自于已故小说家与剧作家山本有三的藏书，包括以文学、国语、历史为主题的图书约 13 500 册，杂志约 300 本。

杂志期刊创刊号收藏属于“东京杂志期刊银行”的一部分，目前共收藏有约 8 000 种杂志期刊的创刊号。

儿童青少年资料主要收集明治时期以后日本出版的儿童类书籍杂志、海外出版的儿童类书籍、青少年用图书等约 24 万册。其中包括中文、韩文等亚洲各国的儿童书籍约 6 700 册。其中以明治时期发行的日本神话传说绘本为珍贵。

2. 特色服务

（1）杂志期刊银行

2009 年 5 月，东京都立多摩图书馆开设了“东京杂志期刊银行”，目前共藏有 18 000 种期刊，分为 50 个领域，其中有 6 000 种提供 1 年内的最新版本方便读者阅读。该“银行”还设有“创刊号”专藏库，收藏约 8 000 种杂志期刊的创刊号。

2017 年，在大量期刊收藏的基础上，东京都立图书馆进一步开设“东京杂志期刊银行学院”，以“了解、创新、传承杂志期刊的魅力”为理念，通过讲座、研讨会等形式，为读者提供交流和创新的平台。目前，“学院”根据馆藏情况开设了三个主题，分别是“杂志期刊综合”“铁路”和“多摩（文化历史）”。在活动结束后，参与人员会共同创作一期名为《东京杂志期刊学院》的杂志。

“东京杂志期刊银行学院”制定了会员制度，会员（个人和团体）有优先参与活动、定期接受相关资讯的“好处”。东京都立图书馆还会为会员举办年度交流会，探讨感兴趣的共同话题。

（2）政府政策立案支持服务

自 2001 年起，东京都立图书馆开始向东京都各政府部门提供“政策立案支持服务”，具体形式包括应政府部门的参考咨询要求提供文献资料、开展相关情报调查、行政相关资料的日常搜集等。

2019 年，东京都立图书馆共为政府各部门提供参考咨询服务 2 268 次，向东京都政府出借图书资料 991 件，提供资料复印 7 738 张。该职能主要是由中央图书馆承担。

（3）16 毫米胶片电影出借

东京都立多摩图书馆内共收藏有 9 400 份 16 毫米胶片电影拷贝，以此为东京都内各团体的活动提供外借服务。该服务不向个人读者开放。

根据规则，电影胶片出借期限仅限于包含放映日在内的5天，最早可提前1年开始申请。一次出借最多不超10件或150分钟播放时长（特别团体有所优待），借用团体可提前来馆内进行试看，以选择自己需要的内容。

为方便各团体的放映活动，都立多摩图书馆还提供放映机、话筒、幕布等相关设备的出借，十分人性化。

当然，都立多摩图书馆对借用方的放映行为也有一定限制，如要求借用方放映时不得向观看者收取费用，亦即只能用于公益放映之用。

2019年中，都立多摩图书馆共向73个团体出借拷贝577部，放映机29台次。

3. 与其他公共文化设施的协作

东京都内部分文化设施中的图书资料室之间，成立了“东京都图书馆等联络会”，成员之间可以进行图书资料相关的协作。目前共有11所文化设施，通过藏书检索、参考咨询、借阅、复印等形式开展协作。

表5-7　东京都图书馆等联络会成员机构合作服务情况

	参考咨询	馆藏检索	综合检索	阅览	出借	复印	从其他机构代取资料	复印品邮寄
都立中央图书馆	○	○	○	○	×	○	○	○
东京都议会图书馆	×	○	○	○	×	△	×	×
东京都立大学图书馆	○	○	○	○	△	○	×	×
东京都江户东京博物馆图书室	○	○	○	○	×	○	○	×
特别区资质情报交流中心	○	○	○	○	△	×	○	○
市政专门图书馆	○	○	○	○	△	○	○	○
东京都公文书馆	○	○	○	○	×	○	×	×

（续表）

	参考咨询	馆藏检索	综合检索	阅览	出借	复印	从其他机构代取资料	复印品邮寄
东京都现代美术馆美术图书室	○	○	×	○	×	○	×	○
东京文化会馆音乐资料室	○	○	×	○	×	○	×	×
东京女性广场图书资料室	○	○	○	○	△	△	×	×
绿色图书馆东京Green档案库	○	○	×	○	×	○	×	×

注："△"表示提供部分服务。
（资料来源：东京都立图书馆网站。）

（撰文：黄吉）

参考文献：

［1］三浦太郎. 図書・図書館史[M]. 京都：ミネルヴァ書房，2019：209.

［2］文部科学省. 図書館令(明治三十二年十一月十一日勅令第四百二十九号)[EB/OL]. [2021-01-26]. https://www.mext.go.jp/b_menu/hakusho/html/others/detail/1318108.htm.

［3］三浦太郎. 図書・図書館史[M]. 京都：ミネルヴァ書房，2019：225.

［4］国立公文書館アーカイブ. 図書館令改正・御署名原本・昭和八年・勅令第一七五号[EB/OL]. [2021-01-26]. https://www.digital.archives.go.jp/file/136656.

［5］三浦太郎. 図書・図書館史[M]. 京都：ミネルヴァ書房，2019：239-240.

［6］三浦太郎. 図書・図書館史[M]. 京都：ミネルヴァ書房，2019：225.

［7］李易宁. 日本公共图书馆法规体系的构建历程(1899—1970)[J]. 图书馆，2018(3)：9-14.

［8］国立国会図書館. 国立国会図書館法[EB/OL]. [2021-01-26]. https://www.ndl.go.jp/jp/aboutus/laws/pdf/a1102.pdf

［9］衆議院. 法律第百十八号(昭二五. 四. 三〇)[EB/OL]. [2021-01-26]. https://www.shugiin.go.jp/internet/itdb_housei.nsf/html/houritsu/00719500430118.htm.

［10］文部科学省. 図書館の設置及び運営上の望ましい基準(平成24年12月19日文部科学省告示第172号)[EB/OL]. [2021-01-26]. https://www.mext.

go. jp/a_menu/01_l/08052911/1282451. htm.
［11］日本図書館協会. 公立図書館の任務と目標［EB/OL］.［2021－01－27］. http://www. jla. or. jp/library/gudeline/tabid/236/default. aspx.
［12］日本図書館協会. 公共図書館集計（2019 年）［EB/OL］.［2021－01－27］. http://www. jla. or. jp/library/gudeline/tabid/236/default. aspx.
［13］東京の産業と雇用就業 2020［R］. Tokyo：東京都産業労働局，2021.
［14］平成 31 年度東京都公立図書館調査［R］. 東京都立図書館，2020.
［15］図書館政策の課題と対策（東京都の公共図書館の振興施策）［R］. Tokyo：図書館振興対策プロジェクトチーム，1970.
［16］東京都立図書館. 東京都立図書館沿革［EB/OL］.［2021－01－21］. https://www. library. metro. tokyo. lg. jp/guide/uploads/history. pdf.
［17］令和元年度版事業概要［R］. 東京都立図書館，2020.
［18］「都立図書館実行プランto 2020」の概要［R］. 東京都立図書館，2019.

第六章

北欧公共图书馆核心价值分析

进入21世纪以来，北欧等国的公共图书馆事业发展迅速且亮点频出。2015至2020年，先后建成开放的丹麦奥胡斯公共图书馆(Dokk1)、芬兰赫尔辛基中央图书馆(Oodi)，以及于2020年7月刚刚正式开放的挪威奥斯陆德希曼公共图书馆(Deichman Bjørvika)，在全球公共图书馆界、文化界、建筑界收获了极高的关注度和赞誉度。公共图书馆的"北欧现象"促使我们思考和探究，在北欧公共图书馆取得巨大成功的背后，研究推动其高度发展的核心价值，可以为未来公共图书馆的发展和创新提供借鉴。

一 建设案例及概况

根据国际图联(IFLA)的"世界图书馆地图"(IFLA Library Map of the World)数据，丹麦、芬兰、挪威、瑞典四国公共图书馆的发展概况如下表所示：

表 6-1　北欧四国公共图书馆发展概况

	丹麦	芬兰	挪威	瑞典
公共图书馆总数(个)	412	720	740	1 109
国土面积(万平方千米)	4.3	33.8	38.5	45
每万平方公里设有图书馆数(个)	95.8	21.3	19.2	24.6
人口数(万)	580	550	517	1 020
图书馆注册用户数(万)	170	—	—	260
注册用户占人口比(%)	29.3	—	—	25.5
每万人拥有图书馆数(个)	0.7	1.3	1.4	1.1
年到馆人次(万)	3 760	4 980	2 260	—
年图书外借量(万册次)	2 440	6 740	1 820	5 140
年电子书外借量(万册次)	390	79.7	62.7	230

注：丹麦、芬兰、瑞典为 2019 年数据；挪威为 2015 年数据。
(数据来源：国际图联“世界图书馆地图”。)

从上述数据可以看出，北欧四国虽然面积较小、人口较少，但全国公共图书馆的密度和人均拥有图书馆数等都是相对较高的，在一定程度上显示出北欧地区公共图书馆事业的发展程度。特别是近年来，北欧地区先后出现了几个全球影响力极高的现象级公共图书馆，如丹麦奥胡斯公共图书馆、芬兰赫尔辛基中央图书馆等，在国际上引起热烈反响和广泛关注。

(一) 丹麦奥胡斯公共图书馆[1]

该馆由施密特·哈默·拉森(Schmidt Hammer Lassen，SHL)建筑师事务所设计，是奥胡斯内港从工业港口到城市空间转换的整体城市规划的一部分。自 2015 年 6 月启用以来，其成为奥胡斯大型新公共图书馆和公民服务中心。该馆所在建筑体量为 3 万平方米，其中图书馆服务部分占 1.8 万平方米，提供 1 150 个阅览座位，藏书 32.5 万册。全馆共有员工50名。该馆是奥胡斯市中心图书馆，下设19个分馆，各分馆大小不一，部分与学校图书馆功能合一。丹麦实现全国“一卡通”管理，由各个市政府负责图书馆的建设和采购经费，开架图书如果一年半内没有外借数据或使用数据将被下架。目前丹麦全国约有60%～70%的人口使用公共图书馆服务。

该馆一楼大厅主要提供市民公共服务，包括信息指导、健康保险申请、护照驾照申请、婚姻登记等，图书馆提供3D打印等数字多媒体自助服务。大厅中庭采用挑高设计，层层推进的台阶使中庭在必要的时候能够成为一个巨大的讲座场所。二层以上主要体现传统图书馆服务与现代创新理念结合，通过书架、座椅等软隔断，将不同功能区进行划分，合理解决动静冲突问题。

图书馆创新转型方面。2005年，在设计建设方案时，工作组重点讨论如何建设一个符合人们真正需求且能够吸引人们的全新图书馆。在十年的建设过程中，工作组经过大量的调研，最后达成一致，即“图书馆应该是知识的中心，而不仅仅是图书的中心”，“新馆不能只重视馆藏，而要重视人”。

活动管理方面。该馆开展活动的目标是在开放空间内营造让读者更放心、更自在的学习环境。60%的活动与社会专业机构合作，活动不会非常专业，时间也不会很长，尤其是音乐、表演类活动基本控制在30分钟内，以减少图书馆噪音。举办这些活动的目的在于给读者创造接触新领域的机会，促进个人成长，而并非通过图书馆活动让读者掌握一门技巧。图书馆重点聚焦的是那些只能在图书馆中实现的功能和服务。

人员管理方面。该馆目前有员工50名，并雇用一部分兼职学生，没有志愿者。全馆实行扁平化管理，按照项目组成团队。在员工的选拔任用和管理上，不强调学历、专业，不设指标考核制度，注重三方面工作能力，即合作能力、组织能力和参考咨询能力。由馆长设立图书馆工作计划或远景目标，员工按照不同小组策划活动，并给予充分自主权。图书馆要求每位员工必须自主决定工作内容，必须提出自己的想法，必须勇于“走出去”交流并执行活动计划。此外，在正式开工建设该馆之前，图书馆就动员所有员工充分利用老馆及分馆空间，设置“转型实验室”进行创新“测试”。由员工提出家具创新建议、活动建议、新设备新技术建议。通过反复实践、合作、体验，收集反馈信息，让员工亲身感受创新变革带来的变化。“测试”过程中，允许员工犯错、试错。

读者需求调研方面。该馆每年开展各类读者调研，通过问卷、电子邮件、电话等方式了解市民需求。除了对到馆用户进行调研外，还特别重视对不到馆群体的调研。主要通过工会组织或企业，了解这类群体不来图书馆的原因，然后组织团队设计活动方案进行有针对性的服务推广和宣传。通过调研，该馆认为，随着社会群体受教育程度的大幅度提高，市民对公共图书馆参考咨询的需求已经不多，他们更聚焦空间、社交、阅读推广。因此，目前整馆只保留两个成人参考咨询岗位、一个少儿参考咨询岗位，上架、整理等工作由兼职学生承担，借还等服务全部由读者自助完成，其余员工从事后台策划、活动及项目推广。可见，图书馆员的职能发生了重大转变。

（二）芬兰赫尔辛基中央图书馆[1]

该馆于 2018 年 12 月开馆，是赫尔辛基市图书馆的 37 个分支机构之一，同时作为非商业性城市公共空间对所有人开放。该馆一楼提供公共服务，如影院、多功能厅、餐厅，并提供新书推荐及自助借还服务。二楼提供共享学习空间、厨房、游戏室、工作室、会议室，用户可以使用激光切割机设计器具、珠宝和装饰品，使用 3D 打印机制作模型，使用乙烯基切割机和贴纸打印机完成窗花和布料打印，还可以使用各种缝纫机。传统借阅服务主要集中在三楼，这里被称为“书的天堂”。该馆提供约 10 万册图书开架借阅，通过报刊区、图书区、影像资料区及少儿阅读区等不同阅读环境的营造，打造不同阅读圈。读者可以相互交流或参加各种出版商、作者举办的活动。

服务方案设计方面。该馆总建设经费为9 800万欧元，历经十年建成。在筹备过程中，图书馆广泛征求社区居民的意见、建议，讨论“图书馆是为谁而建”，讨论公共图书馆该如何平衡“安静的阅读空间”与“活跃的活动空间”之间的矛盾。筹建过程中，图书馆共收到2 000多条市民建议。

采购经费方面。赫尔辛基市公共图书馆系统负责开展经常性读者问卷调查，并统一采购文献配备，年均文献采购经费约5欧元/人。赫尔辛基中央图书馆没有书库，全部馆藏均开架外借，通过专门的数据分析系统对架位图书进行管理，如果一本图书在两年内没有外借记录，则将被下架。

管理模式方面。几年前，赫尔辛基市政府对图书馆的管理进行了改造，整个图书馆系统均呈现扁平化管理模式，以项目管理或活动管理来推动图书馆运营。赫尔辛基中央图书馆共有全职员工63名，该馆根据服务情况直接向市政府申请用工人数。

共享空间方面。市民可以使用图书馆的任意设备、空间，并可以使用读者证或通过脸书(Facebook)上的图书馆平台预约馆内各种工作室。须凭读者证外借文献资料，须是芬兰永久居民才能申请实体读者证。

（三）挪威奥斯陆德希曼公共图书馆[2]、[3]

2020年7月，位于挪威奥斯陆比约维卡的德希曼公共图书馆正式开馆。该馆面积约19 600平方米，共6层，可藏书45万册。图书馆位于奥斯陆阿克尔码头旁，这里汇集了奥斯陆众多标志性建筑物，如挪威国家歌剧院。

图书馆建设共历时11年，该馆设计旨在为人们创造一个具备全新设施的现代图书馆，人们可在其中尽情探索和举办各类活动，并通过开放且具有吸引力的公共文化场所鼓励人们不断发现新事物。

该馆是一栋环境友好型建筑，通过创新的立面设计、通风设计以及材料选择，营造一个独特的图书馆空间。考虑到建筑基地相对偏小的空间限制，其通过悬臂设计避免了过多楼层的堆叠。该馆建筑地面层外立面为透明全景落地窗，既保证了图书馆空间的开放性及其与周边城市环境的联系，又可以为读者提供各个角度的独特视角。在立面设计上不仅考虑了隔热性能，还注重提供充足光照，通过采用隔热板与玻璃交替出现的立面设计，为室内提供柔和且适当的自然光照。建筑立面还会在特定时段关闭，以满足馆内活动的举办需求。通过室内的开放式空间，读者可以看到顶层的三个几何形天窗，天窗朝向不同方向，可以让不同的光线进入室内。同时，室内围绕三个自由立式书架布置了封闭空间和壁龛，使日光透过立面自由浸入每个角落，这些空间和壁龛则可用于临时装置展陈和各类展览所需。该馆凭借其可持续的前沿设计理念，成为“未来建筑展览会”(Future Build)的模范工程之一。

该馆设置了三个不同方向的入口，给读者提供了不同的视觉体验。馆内包含众多功能区，满足不同读者的需求，包括图书室、办公室、餐厅、影院、儿童区、私密阅读空间等。一层是柜台、报纸杂志区域，读者找书非常方便，只需操作电脑，馆内的分拣设施就会自动找到书籍，并送到提货台，同时会发送告知短信。书架上设有小型光源，设计细节贴心。儿童区空间色彩鲜艳，并设有许多特色空间，包括图书小火车和艺术装置空间、梦幻童话空间等。手作区提供3D打印机等设施，读者可以使用数字手绘版进行创作，或使用缝纫机制衣。馆内一角设有一个宽阔开放的公共空间，以满足各类家具的陈列和活动的开展，还有可以看到景观河的玻璃幕墙，该空间灵活多变，读者可以在这里看书、聊天，偶尔还会有小乐队演出，极具文艺气息。同时，馆内还配有一个大型剧场。

二 北欧公共图书馆核心价值分析

（一）积极响应可持续发展目标

丹麦奥胡斯公共图书馆、芬兰赫尔辛基中央图书馆、挪威奥斯陆德希曼公共图书馆，均位于城市市中心。其地理位置重要，能够体现所在城市的文化属性及文化可持续发展。北欧公共图书馆的建设对低能源消耗和可持续发展的要求极高，尤其在建造技术和建筑材料的选择方面，都会对环境和能源资源进行充分考虑。建筑通常选用各种可回收、无危害、无污染的环保型材料，充分利用太阳能并通过楼宇智能化系统控制各类机械和电气设施，优化设备运行和管理，有效降低能耗和运营成本。例如，丹麦奥胡斯公共图书馆在参加 2015 年建筑评论未来项目奖（MIPIM）评比中，在"文化再生"类别项目上获得表彰。

2015 年 9 月，联合国通过《2030 年可持续发展议程》，涵盖 17 个可持续发展目标（SDG）、169 个子目标和 232 个指标。其为实现全球可持续繁荣、社会包容和平等提供了路线图。其中，可持续发展目标 11"可持续城市与社区"的主要内容包括进一步努力保护和捍卫世界文化遗产，以及向所有人普遍提供安全、包容、无障碍、绿色的公共空间。在此倡议的基础上，丹麦奥胡斯市、芬兰赫尔辛基市积极响应，并开展了"图书馆是城市更新的因素"（Libraries as factors of urban regeneration）实践项目[4]。

（二）实现专业、灵活、开放、多元的空间功能

北欧公共图书馆在规划空间设计时，善于借鉴理想图书馆模型理论，即图书馆应具备四类相互重叠的空间，一是学习空间，基于发现和学习新事物的空间；二是交流空间，基于参与的空间，用户通过图书馆与各种不同文化、人群进行交流；三是表演空间，基于自我表现和展示的空间；四是

灵感空间，基于体验、经验的空间，用户在利用图书馆的过程中得到启发，获得灵感、解决问题[5]。由此可见，图书馆既承载了城市图书馆的基本功能，又具有休闲娱乐、互动社交、生活体验、科技体验、创意学习、商务办公等功能，极大地延拓了传统图书馆的空间功能范畴。

从某种意义上说，图书馆起着连接城市信息资源与世界信息资源、联通城市经济文化活动与世界活动的作用。它不仅是一个建筑，还是一个特殊的视觉化体系结构。例如在图书馆建筑的外观设计方面，营造与当地自然景观、人文景观、周边公共建筑间的相互融合、渗透，形成图书馆与景色的有效视觉连接。为突出整体建筑的开放及包容性，通过多入口设计将图书馆打造为多向流通的公共空间，或设计开放的入口广场，将其作为可供阅读、聊天、会客、交流甚至举办露天活动的文化活力创意空间。[6]而图书馆建筑的内部结构和层次设计则采用灵活开放的空间规划。开放式结构让图书馆的内部空间层层相扣、相互连接，各空间区域通过应用过渡、衔接等灵活的设计方法，使不同功能之间形成有效联系，这种结构让各空间可以在不影响整个建筑体系结构的前提下既能单独使用又能穿插合并使用，使建筑空间成为真正开放包容的互动交流平台。[5]

（三）主张“公民参与式”建设理念

公共图书馆本质上为全民所有，民主共建、共治是必然趋势。用户不只是产品与服务的被动接受者，还是广泛参与图书馆各种项目预算、规划、设计、研发、测试、评估、改进等全过程的主动参与者。在以市民为核心的新型包容性城市的规划指导下，北欧公共图书馆致力于推行“参与式设计”模式，在空间和服务创新过程的不同阶段，设计师、用户研究人员、开发者等从人类学、民俗学、心理学的角度出发，在与用户充分沟通、相互协作的基础上，开展图书馆设计，使其真正成为一个由社区建造并服务社区的建筑。[6]

例如，芬兰赫尔辛基中央图书馆从预算制定的源头出发，首创图书馆设计的“参与式预算”①模式。由市民主导的预算编制研讨会为公民参与提供了很好的机会，赋予市民选择权，决定如何花费 10 万欧元用于开发图书馆服务。该馆在建设早期就建立了专门网站，邀请世界各地的人们与赫尔辛基市民一起展望图书馆。社区成员通过“梦想树”②为图书馆提供想法，[8]如此收集了约 2 300 条意见，为图书馆内容和服务开发试点项目奠定了基础。取之于“梦想树”的 8 种想法被发展成为试点项目提案，包括建立图书馆 10(Library 10)与城市办公室(Urban Office)。③ 市民还应邀为图书馆建筑设计团队的遴选提供意见，参与审议设计方案并投票。[7]

（四）打造社区文化体验中心和终身学习场所

北欧公共图书馆一般由各个社区负责，各地的公共图书馆由政府和社区分担经费，是社区的文化与学习中心。提升文化体验和促进终身学习是北欧公共图书馆的核心服务内容之一。

首先，图书馆通过复合型交流表演空间，以多种媒介和文化形式来刺激用户体验与创新，包括组织音乐会等各类文化演出，建立多用途实验室等。例如，丹麦奥胡斯公共图书馆中设有一个阶梯形结构的小型互动体验剧场，可举办小型活动或演出，演出时用户可在不制造噪音的情况下，在表演区域内走动或观看，甚至参与其中一同表演。该馆的转型实验室(Transformation Lab)包含不同单元，有小说实验室(FictionLAB)、新闻

---

① “参与式预算”是指政府将涉及公众切身利益的公共项目建设资金，交给公众讨论，并由公众决定具体使用，从而促进预算编制的公开、民主、透明，提升公共资金投资回报率的方法。

② “梦想树”于 2010 年启动，包括一个数字平台和一棵真树。市民被邀请记录他们的想法，并将这些想法贴在树上。

③ 图书馆 10(Library 10)是一个新概念图书馆，位于赫尔辛基火车站旁，10 是该地区的邮政编码。它是一个音乐图书馆，主要藏品有唱片、电影、旅游指南及漫画等。该馆有三个音乐工作室可用于录音、剪辑和试唱等，馆员具有音乐教育背景。读者可以自己创作音乐，与其他音乐人或音乐爱好者交流，或在小型表演场地表演自己的作品。图书馆经常邀请音乐家来此讲座。城市办公室(urban office)旨在为市民提供舒适的工作环境。读者可以预约工作空间、电脑及其他文具用品，在此短期办公。

实验室（NewsLAB）、音乐实验室（MusicLAB）等，提供信息及技术支持，供用户体验空间和媒介设施。[5]

此外，北欧公共图书馆认为应从过去中介式提供文献参考信息的收藏型角色向协调用户终身学习与图书馆关系的角色转型，建立合作伙伴关系的学习社群是支撑用户终身学习的一个重要因素。学习社群（Renmann-Rothmeier，2000）是指因共同兴趣爱好而聚集在一起参加有关主题活动的群体，他们在社群中学习、交换、创造知识。图书馆内的社群是开放不设限的，人们能够自由接触并加入馆内各处的学习社群。类似的学习社群在北欧公共图书馆有很多，例如芬兰赫尔辛基中央图书馆的工作空间、媒体空间、生活空间、DIY 空间、乐器演奏空间等，其生活空间设有琴房、缝纫工作台、胸章机、自助 3D 打印机以及一个配套完备的专业厨房[8]。实际上，用户作为图书馆资源的一部分，也能参与开发很多与学习社群和终身学习相关的图书馆活动或服务，如丹麦奥胡斯公共图书馆的编织俱乐部就是一些女性用户常在馆内聚集做编织活，图书馆员便询问她们是否愿意接受别人加入并推荐一些相关专家，图书馆定期为她们提供场地、设备及信息资源，她们也可向图书馆荐购书目。[5]

（五）构建市民服务综合体

北欧许多公共图书馆为一馆多属性、多功能，是市民服务的综合体。以丹麦为例，2007 年，丹麦进行了一次市政结构改革，大量小型图书馆随之关闭，公共服务重建后，25％的政府和公共图书馆合作，在图书馆内提供部分市民服务项目。[9]除了一些复杂的项目必须由政府市民服务部提供外，一些简单的、不需经过司法程序的项目则由图书馆承担（部分服务需收费）。包括[10]：

1. 为公民提供数据保护服务——提供姓名和地址保护；避免个人地址和姓名等信息出现在电话黄页中；保护个人不受垃圾广告骚扰；帮助个人避免参与一些统计和科学调查。

2. 为公民提供与社会安全相关服务——提供公民身份证遗失及新证办理服务；提供更改姓名服务；提供护照更换服务。

3. 为公民提供与医疗相关服务——凭借公民身份证号提供在线办理医保卡申请和补办服务；提供公民在国外旅行时需要的短暂国际医疗保险卡申请服务；提供与公民就医有关的车程费补助申请服务；提供葬礼补助申请服务；提供在线更换家庭医生服务。

4. 为公民提供地址查询和地址变更服务——个人及公司有权查询他人地址，该地址信息处于受保护状态除外。

5. 为公民提供简单的社会福利申请服务——包括：申领失业津贴；申领疾病津贴；申领普通及特殊儿童津贴；申领子女抚养费；申领家庭补贴；申请产假、育婴假；申请救助服务；申领房屋补贴；国家退休金计划等。

6. 为公民提供数字税收服务——申请者可通过税收在线自助服务，报告其与税收减少相关的个人收入变化情况以及个人财产买卖的变更情况，以完成数字税收账单服务。

7. 为公民提供与房屋出租相关服务——为公民开具私房证明、居住证明等。

（六）建立多样性合作网络

建立基于合作关系的图书馆服务网络是北欧公共图书馆转变服务方式的重要举措之一。这些服务跨越了图书馆的机构范畴，以合作方式进行，不产生（或产生很少）财政负担，有助于组织创新及机构服务的提升和增值。北欧公共图书馆的合作伙伴涉及不同类型的机构，主要有以下几类[11]：

1. 与电视媒体平台合作

丹麦奥尔堡图书馆与当地电视台合作开设儿童节目，直播讲故事、比赛、表演等内容，节目同时在覆盖全丹麦的儿童网站上播出。丹麦公共图书馆系统的联合网站“丹麦文学网”[①]与丹麦国家电视频道合作播出作者访谈节目。

芬兰国家图书馆网与其他图书馆和电视台合作创建网络电视频道，播出作者访谈和新书通告等文学节目。

2. 与社会团体合作

丹麦公共图书馆与公民社团联合推出家庭作业帮助和职业帮助服务，主要由具备专长的学生和退休教师等志愿者提供服务。一些图书馆提供“真人图书馆”项目，由不同职业的真人志愿者提供谈话服务，帮助年轻人了解各种职业情况。

瑞典和挪威等图书馆联合设立良师益友项目和“为读者寻找图书”项目，为阅读困难者提供指导。

3. 与商业机构合作

一是将图书馆融入各类商业服务机构。较常见的是在商业/购物中心设立图书馆。如芬兰赫尔辛基艾斯堡，由市政府主导，将当地图书馆政策性植入各商业中心。丹麦奥尔堡图书馆与游泳洗浴中心合作建立图书馆，提供新闻、文化和运动类馆藏。

二是图书馆与商业网站合作。如丹麦图书馆与居伦达尔(Gyldendal)出版社合作立项，将丹麦百科全书网与国家联合目录、丹麦图书馆网合并，读者在图书馆网获取图书信息的同时，可以获得相关词条的百科全书全文，反之亦然；网站通过广告投放，支持读者对百科全书电子文献的免费获取。

（撰文：曲蕴）

① “丹麦文学网”由丹麦的图书馆创建和运营，由文学家、普通作者和文学专业学生贡献内容，是丹麦的一个集讨论、阅读俱乐部、图书展示为一体的大型文学网站。

参考文献：

[1] 林琳. 陈超等5人赴荷兰、芬兰、丹麦三国访问小结[EB/OL].（2019－07－26）[2021－01－19]. http://shlib.libnet.sh.cn/list/list.aspx?id=15249.

[2] 建日筑闻. 奥斯陆图书馆 Deichman/Atelier Oslo + Lund Hagem [EB/OL].（2020－07－07）[2021－01－20]. https://www.archdaily.cn/cn/942890/ao-si-lu-tu-shu-guan-deichman-atelier-oslo-plus-lund-hagem.

[3] 北京外办. 奥斯陆公共图书馆正式开馆[EB/OL].（2020－08－26）[2021－01－20]. http://wb.beijing.gov.cn/home/yhcs/qtcs/zxdt/202008/t20200826_1991568.html.

[4] European Bureau of Library, Information and Documentation Associations, EBLIDA. Press Release: SDGs and Libraries — First European Report [EB/OL].（2020－06－02）[2021－01－20]. http://www.eblida.org/news/press-release-sdgs-and-libraries-first-eu-report.html.

[5] 陈盈. 丹麦 Mediaspace 核心价值解读及其对未来城市图书馆的启示[J]. 图书馆理论与实践，2017(3)：66－69.

[6] 张明平. 芬兰赫尔辛基市图书馆空间设计经验分析及启示[J]. 图书馆学刊，2016(8)：139－142.

[7] 吴建中，程焕文，科恩·戴安娜，莱斯内斯基·特拉奇，唐玉恩，特纳兹泰培·艾利弗，哈迪·克里斯. 开放 包容 共享：新时代图书馆空间再造的榜样——芬兰赫尔辛基中央图书馆开馆专家访谈[J]. 图书馆杂志，2019(1)：4－12.

[8] 萨支斌. 赫尔辛基 Oodi 中央图书馆空间再造及启示[J]. 图书馆工作与研究，2020(3)：62－67.

[9] Pors N O. Citizen Services and Public Libraries: an Analysis of a New Service in Danish Public Libraries [J]. New Library World, 2010(7/8): 263－272.

[10] 杨红梅，马跃如. 市民服务与公共图书馆：基于丹麦公共图书馆的实证研究[J]. 图书馆建设，2013(1)：53－55，58.

[11] 符勤. 北欧国家基于伙伴关系的公共图书馆服务探析[J]. 图书馆杂志，2012(12)：72－75.

第七章

建设世界级城市图书馆：上海图书馆发展特色与创新

上海图书馆成立于1952年，1995年与上海科学技术情报研究所合并（以下简称“上图上情所”），成为综合性研究型公共图书馆和行业情报中心。上图上情所是国家博士后科研工作站、文旅部公共文化研究基地、全国文化信息资源共享工程上海市分中心、上海市古籍保护中心、上海市中心图书馆总馆、上海市软科学研究基地“前沿技术发展研究中心”和上海文化创意产业信息中心。截至2020年底，共收藏中外文献5 696.66万册/件，其中古籍善本、碑帖尺牍、名人手稿、家谱方志、西文珍本、唱片乐谱、近代报刊及专利标准尤具特色。[1]

一 总体发展

以下从资源条件、服务效能、社会贡献等三方面揭示上图上情所近年来的发展情况。文中使用的数据主要源于上图上情所的公开年报。

（一）资源条件

1. 硬件设施

上图上情所馆舍主体建筑面积12.7万平方米[1]。除此之外，还拥有莘庄、龙吴路、航头等书库。2017—2019年间，年均到馆人次达332万。为了更好地满足市民的文化需求，上图上情所正在打造“1+2+3+n”馆舍布局，即一个综合性总馆、两个功能中心（东馆阅读文化中心和智库楼决策咨询中心）、三个特色主题分馆以及多个保障书库。2016年2月，上图东馆项目正式立项；2017年9月，项目正式开工，未来将为读者提供更加丰富便利的数字化、多样化、高品质、个性化服务。[2]

2. 人力资源

近年来，上图上情所人力资源结构进一步优化。2016—2020年间，上图上情所累计招聘和引进人才233人，其中硕士以上学历占比48.5%。[2]至2020年底，正式员工826名，其中本科及以上学历732人，占总数的88.62%，中高级职称占比达67.4%。[3]

上图上情所积极开展形式多样的学术研讨、国内外同行学术交流和业务技能培训等活动，提高员工的研究水平以及业务能力。在员工培训方面，上图上情所每年采取馆内培训与馆外学习、组织培训与自主学习、现场培训与网络教育相结合等多种方式开展员工继续教育，内容包括岗位培训、图情专业知识培训、交流馆员培训等。

3. 经费预算

2016—2020年间，上图上情所年均财政拨款预算达4.51亿元，继续保持高位运行，年均文献购置经费预算达1.41亿元，约占前者的三分之一。

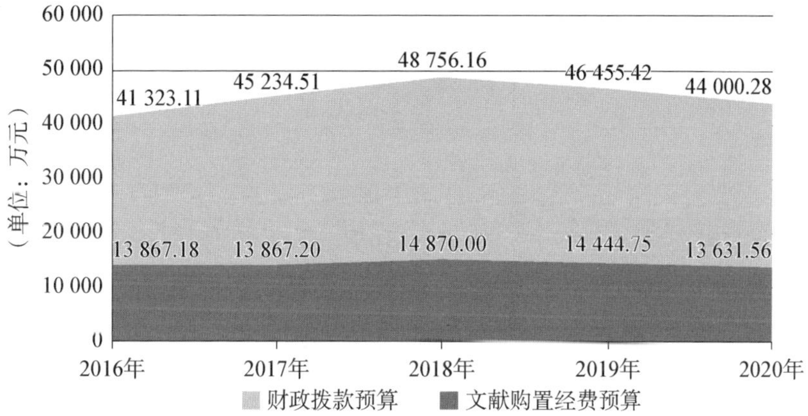

图 7－1　2016—2020 年上图上情所财政经费预算及文献购置经费预算情况

2016—2020 年间，年度实际数字资源采购支出占文献购置经费支出的比例呈上升趋势，2020 年达 43.5％，较“十二五”末提高近 50％。

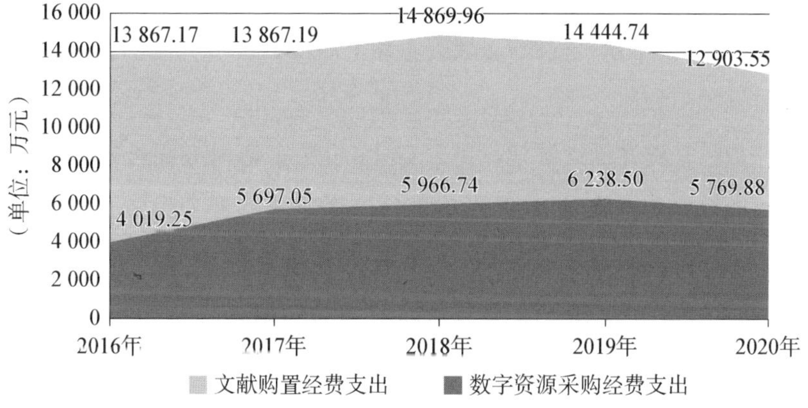

图 7－2　2016—2020 年上图上情所文献购置及数字资源采购经费支出情况

4. 馆藏资源

2016—2020 年间，上图上情所累计新增馆藏文献 211.36 万册/件，其中主要包括中外文图书、期刊、报纸、科技特种资料、文化名人手稿、家谱以及试听资料等。至 2020 年年底，馆藏文献信息资源总量已达 5 696.658 万册/件。[2]

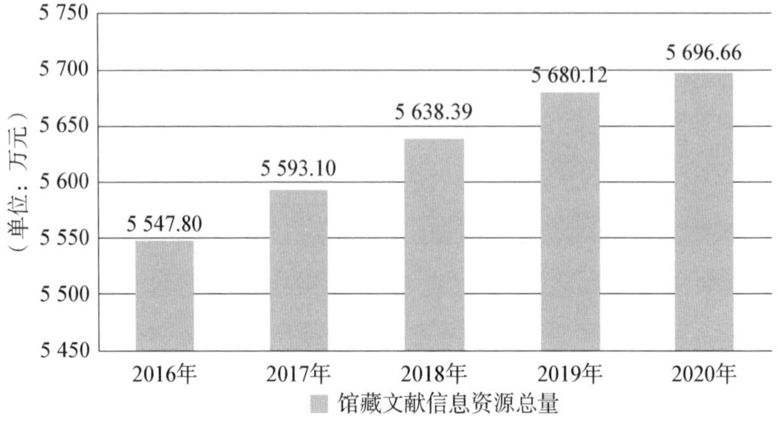

图 7－3　2016—2020 年上图上情所馆藏总量变化情况

上述馆藏中有 930.55 万册/件属于上海市中心图书馆“一卡通”体系内的馆藏资源，此类文献的所有权属于上图上情所，但可以在全市范围内实现通阅或通借通还。[3] 此外，上图上情所收藏的名人手稿、家谱、会议录、地图、专利、年鉴、名录等文献资源在上海市各级公共图书馆中占主导地位。

在加强基础文献资源建设的基础上，上图上情所亦积极探索强化特色文献的征集和采购，目前已形成翁氏文献收藏系列。2016—2020 年间累计入藏罗闻达遗赠图书 5 000 多种，采购和接受家谱捐赠 9 811 种，亦成为国内首个连续收藏版画、藏书票的公共图书馆。此外，上图上情所于 2019 年设立“中国网络文学专藏库”，通过永久保存的形式收藏阅文集团旗下享有相应著作权的网络文学作品电子版，实现国家文献信息资料的战略保存。这也是国内首个网络文学专藏库。[4]

上图上情所收藏的外文文献语种以英语为主，占比达 72.54%，此外还收藏有俄语、德语、法语、日语、西班牙语、韩语等多种语言的文献。

伴随期刊、图书数字化出版的发展趋势以及读者对图书馆馆藏资源使用习惯的变化，上图上情所加大了数字资源建设力度。2016—2020 年年均采购各类数字资源库 141 个，中外文电子图书报刊 217.32 万种。除了外购数字资源，上图上情所还持续加大自建数字资源建设，截至 2020 年，自建资源存储总量达 575T。[2]

（二）服务效能

1. 读者数量

上图上情所近年来不断拓展办证渠道和办证方式，具体包括：推进办证服务进高校和职业技术学院、进企业、进“两会”、进书展、进社区；探索集团客户大批量办证和大客户数字阅读推广服务，推进与企业、社会团体的联合办证；自 2014 年起，上图上情所与市教委合作，实现本市范围内的中小学生凭电子学生证，可在上图上情所和各区级成员馆、街道（乡镇）成员馆实现图书通借通还；与上海市征信管理办公室和上海市公共信用信息服务平台合作，在公共服务体系中引入诚信认证，凡拥有上海户籍或居住证、年满 18 周岁的新办证读者，在授权查询信用报告后，如没有不良信用记录即可免押金办理“一卡通”读者证。[3] 2016—2020 年间，全市累计新增读者证 122.130 4 万张。至 2020 年年底，全市有效读者证持有人数达 548.557 6 万人。[2]

图 7－4　2016—2020 年全市公共图书馆有效读者证持有人数变化情况

2. 馆藏服务

2016—2019年，上图上情所年均文献外借量达238.628 5万册次，年均外借人次达66.526 5万人次[2]，维持高位运行。① 为了更大程度地方便读者，上图上情所不断探索技术助力馆藏流通服务创新。2019年4月18日，上图上情所正式对外开展手机扫码借书服务，推出微信端手机借书公测，成为全国首创手机扫码借书的公共图书馆。读者通过关注"上海图书馆"微信公众号绑定读者证，即可在上图上情所的书刊外借室实现手机自助借书服务。此项服务新举措免去读者排队环节，有效节约了图书馆流通服务成本、设备成本以及读者的时间成本。

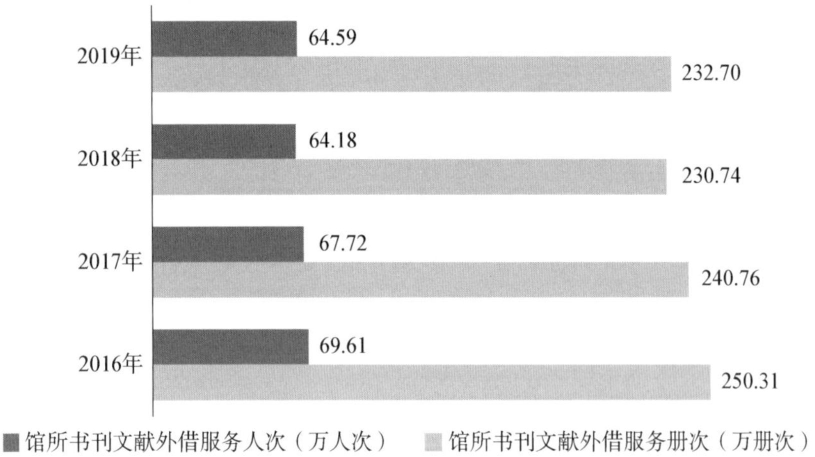

图7-5　2016—2019年上图上情所书刊外借情况

与此同时，为了进一步满足读者的借书需求，自2020年10月27日起，上图上情所以及上海市中心图书馆部分成员馆将成人"一卡通"外借、少儿"一卡通"外借单次最大外借册次由10册提高至15册。[5]

此外，上图上情所还以汽车图书馆形式开展流动服务，该服务始于1999年，主要为地处偏僻的驻沪部队、武警、消防、监狱、社区、企业以及进

① 2020年因受新冠肺炎疫情影响，采取临时闭馆等防控措施，外借服务量出现较大幅度下降，故此处未纳入平均值计算。

城务工人员群体提供书刊流通服务。目前，汽车图书馆共有服务点58个，2016—2020年间累计开展送书服务319次，书刊流通280000余册次。

3. 数字资源服务

近年来，上图上情所在坚持做好传统业务之余，也一直高度关注各类新平台的发展态势，尝试提供多元化服务满足各类读者的差异化需求。

（1）网站

图书馆官方网站是上图上情所为广大市民提供数字服务的基础平台，读者可以通过访问网站获取基本的线上服务及扩展服务，包括个人图书馆的功能服务、通过互联网公共目录检索系统（internet public access catalog，ipac）检索书目、数字阅读、参考咨询、知识导航、活动展出及预告服务等。上图上情所拥有包括中文（简体、繁体）、英文、日文、俄文多语种版本的官方网站。2017—2020年间，官网的年均ipac检索量达3837.21万次。[2]

（2）数据库

在尊重版权的前提下，上图上情所积极推进数字资源的便捷使用。截至2020年底，上图上情所共采购数字资源库144个，其中包括可供远程访问的数据库，使读者在馆外亦可享受相应服务。此外，基于读者不同的使用习惯，上图上情所提供了“普通访问”“专业访问”和“e卡通远程访问”三种使用数字资源的方式。[6]而2019年开始试运行的专业服务门户（https://z.library.sh.cn/）则是一个面向研究型用户的学科资源发现及服务提供系统，具有文献搜索、资源导航、学科服务、数据库远程访问、资源个性化推荐等功能，同时还整合了馆员推荐、文献传递、原书外借等图情业务的服务入口。新系统的推出使该年的数字资源在线使用量较前两年呈爆发式增长，达7067.9202万次。

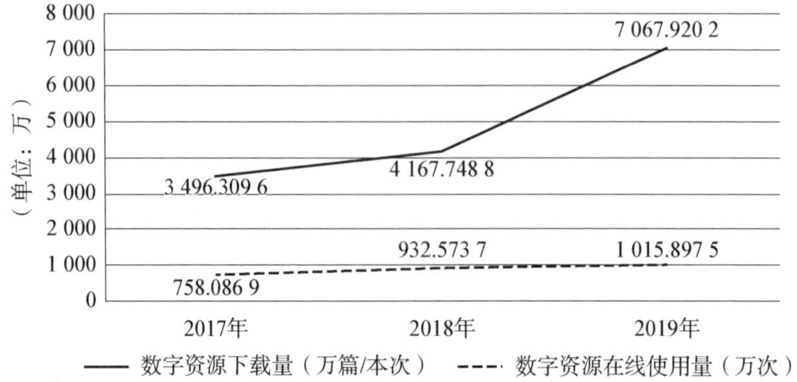

图 7－6　2017—2019 年上图上情所数字资源服务情况

注 1：数字资源下载量：包含外购数字资源、自建数字资源、二次文献共建共享平台的下载量。
注 2：数字资源在线使用量：包含外购数字资源的浏览量、检索量，自建数字资源的浏览量，讲座音视频浏览量以及市民数字阅读平台阅读量。

（3）数字阅读

上图上情所于 2011 年启动“市民数字阅读推广计划”，建立“市民数字阅读”网站；2015 年利用微信服务号在国内图书馆界率先推出“微阅读”频道，继续探索“手机＋社交平台”的数字阅读推广模式，努力实现“无时不在，无处不在”的图书馆服务。目前，“微阅读”已成为上图上情所移动电子书阅读品牌。2020 年该平台的总阅读次数达 32.4 万人次，并且每周还会就某一主题推荐 7 本优质电子书，自 2015 年 5 月至今，累计推荐图书 1 400 余种。① 此外，上图上情所还推出移动客户端 APP“上图数字阅读”，提供电子图书及期刊的在线阅读服务。

（4）新媒体服务

近年来，“上海图书馆”服务号使用量总体呈上升趋势。截至 2019 年，该服务号的微信粉丝量达 630 000 余人②。此外，上图上情所还通过

① 上海图书馆（上海科学技术情报研究所）．上海市公共图书馆 2020 阅读报告[EB/OL]．[2021－04－21]．https://library.sh.cn/zt/ydbg/doc/%E9%98%85%E8%AF%BB%E6%8A%A5%E5%91%8A2020.pdf.

② 上海图书馆（上海科学技术情报研究所），上海市图书馆行业协会．《上海市公共图书馆行业发展报告 2019》[M]．上海：上海科学技术文献出版社，2019：55—58.

“讲座图书馆”订阅号、“要文献找上图”微信公众号等入口共同提供信息发布、数字阅读、活动预订等服务。除了微信平台外，上图上情所还于2016年4月在“今日头条”开通官方账号“上海图书馆”，向读者发布上图上情所动态、推送阅读与知识分享、时政相关的热点资讯等内容；于2019年4月起“抖音”上发布阅读推广活动现场、馆内读者动态、业务办理演示、书目推荐等创意短视频，充分利用各种新兴社交平台推广图书馆服务。2020年，上图上情所各类第三方合作平台原创内容阅读量较前几年增长显著，达8 346.59万次。

图7-7　2017—2020年“上海图书馆”微信（服务号）使用情况

图7-8　2017—2020年上图上情所在第三方合作平台原创内容阅读量

注：第三方合作平台原创内容阅读量：包含微信推文阅读量、原创博文阅读量及所有合作平台原创内容的浏览量。

4. 参考咨询服务

近年来，上图上情所不断拓展远程服务能力，拓宽数字服务渠道，其中也包括对参考咨询服务的优化。上图上情所于2001年推出基于个人电脑（PC）端的网上联合知识导航站；2010年开通基于微博平台的“上海图书馆信使”；自2013年底始，上图上情所微信公众号的“咨询 & 反馈”成为参考咨询服务的主要阵地。这一系列变化反映出当读者使用的服务平台发生转移时，参考咨询服务也随之而变。2017年，上图上情所引入“图小二”云问智能问答虚拟机器人，开启人机合作的参考咨询服务新模式。2018年1月，“上海图书馆”微信服务号开通了“图小二”虚拟机器人智能回复服务，以问题列表的形式自动回复读者的一些常规性咨询问题，同时提供转接人工咨询的通道。当年微信参考咨询量出现爆发式增长，全年累计达25.85万条，其中人工回复1.36万条；智能咨询24.49万条，同比增长230.4%。2020年受疫情影响闭馆期间，微信咨询量继续维持高位，当年前十个月的咨询量就达到337 615条，同比增长59.12%。

5. 各类读者活动

图书馆正迅速转变为举办各类活动和促进知识交流的空间。图书馆的价值也越来越体现在其作为一个安全、可信、灵活的公共空间。人们渴望能在公共图书馆参与各种文化活动。上图上情所每年通过举办各类讲座、展览和各类阅读推广活动，吸引读者前来图书馆。

2017—2020年，上图上情所累计举办各类读者活动2 460场，其中包括讲座、展览、培训和各类专题活动。2016—2020年，“上图讲座”举办各类公益讲座997场，累计听众145.15万人次；“上图展览”举办各类展览349场，累计参观338.95万人次。其中，“古籍今读——馆藏古籍善本特展”“文苑英华——来自大英图书馆的珍宝”展等引起社会热烈反响。

除了线下形式外，上图上情所还通过线上平台扩大“上图讲座”的品牌影响力，例如通过开设“讲座图书馆”微信公众号，使读者可以通过微信预定讲座、使用讲座资源、阅读新闻报道。而展览同样朝着线上和线下相结合的方向发展，线下展览的主题丰富多样，有时会配合上图上情所的阅读推广项目定制主题展览活动；线上则通过“上图展览”微信订阅号来呈现。

此外，例如“阅读马拉松”“上图之夜”等形式新颖的阅读推广活动亦激发了读者们的参与热情。2019 年是上图上情所连续第四年举办线下“阅读马拉松”活动，该年共设有 134 个赛点，8 120 名选手参加，赛点和选手数都创新高，还吸引了上海地区之外的公共图书馆加盟。同年举办的“韵语阳春 · 上图之夜——4 · 23 世界读书日阅读推广活动”中，由戏曲演员演绎中国古典诗词，且与“央视新闻 + ”“哔哩哔哩”视频网站合作推出网络直播，总点击量达到 78. 1 万次。受 2020 年新冠肺炎疫情影响，上述两项活动均加大了线上推广力度。2020 年 3 月 5 日晚，由上图上情所携手湖北省图书馆、武汉图书馆、南京图书馆、浙江图书馆、安徽省图书馆和江浙沪皖鄂四省一市以及其他地区的 338 家图书馆共同举办了 2020“我的战疫”阅读马拉松线上快闪赛，用阅读的方式致敬所有正在抗疫的人们，最终共有 19 003 位读者报名参赛，13 667 位读者完赛；2020 年 4 月 23 日“世界读书日”，上图上情所推出“上图之夜——阅读点亮城市”特别直播，为读者带来了一场特殊的“云上书会”，当天共吸引了 82 万人次观看直播。

6. 数字人文服务

上图上情所结合既有馆藏特色文献，自 2016 年逐步推出各类数字人文研究专题知识库，包括“上海记忆——从武康路出发”“家谱知识服务平台”“盛档知识服务平台”等。“家谱知识服务平台”对中国家谱总目和馆藏家谱目录及内容进行重组、丰富和格式转换，展示了包括全球 597 家馆藏家谱的书目数据，开放馆藏家谱部分全文影像、家规家训全文浏览和检索、部分名人世系表，支持简单检索、高级检索、地图检索等多种检索方式，并对搜索结果提供人、地、时、事等多维分面浏览服务，提供人物关系可视化、时空关系可视化等数据可视化服务与数据统计分析服务，提供在线识谱、在线修谱、上传家谱等功能，鼓励公众参与知识创新。上图上情所建立的中文古籍联合目录及循证平台、盛宣怀档案知识库等数字人文项目，汇聚国内外古籍、档案等资源信息，使用关联数据、GIS、可视化技术等展示资源时空分布情况、人物往来（通讯）关系图、古籍责任者及批校题跋者统计分析图等知识。同时，还结合 GPS/GIS 功能，推出“上海记忆——从武康路出发”“红色旅游”等项目，支持用户在行走过程中实时推送附近的建筑、景点相关资料。2018 年推出历史文献众包平台，支持用户对文献影像图片进行全文抄录，对文献中人、地、时、事等内容特征进行深度标引，平台推出一年内完成近 350 份文献的抄录。此外，还推出了验证码形式的众包工具，将待抄录文字放入验证码中，使用户在身份验证的同时实现文献抄录工作，以上图上情所主页门户为例，月均正确抄录约 15 000 字。①

7. 决策咨询服务

2016—2020 年间，上图上情所深化与国内外知名咨询机构战略合作，共建“全球城市数据分析中心”与“国际大都市科技创新能力评价中心”，研究发布《国际大都市科技创新能力评价》和《全球前沿科技热点研究》两大智库报告；继续开展前沿技术、新兴产业、国际大都市研究，扩大面向党政部门的舆情分析和剪报服务范围；2016—2020 年累计完成决策咨询项目 1 730 项，内参简报获国家及上海市委市政府领导批示 40 余次；更着力推进技术情报传统业务向社会影响力大、附加值高、服务大型企业、服务本市重点科技产业项目的深度咨询拓展。

（三）社会贡献

1. 读者满意度

2016—2020 年间，上图上情所每年通过现场调查、“问卷星”调查、委

① 本段内容源于上图上情所承担的“全国公共图书馆事业发展研究项目”中的“公共图书馆技术创新及数学发展战略”课题报告。

托第三方调查等方式开展公众服务、文献购置费等读者满意度调查，平均满意度超过90%，最高为2017年达98.43%。

2. 文献研究与推广

近年来，上图上情所已出版《中国少数民族家谱总目》《上海图书馆藏善本碑帖综录》等馆藏历史文献研究出版物，屡获各级奖项。“碑刻传拓及拓片装裱技艺”“古籍修复技艺”入选市非物质文化遗产代表性项目名录。2019年，上图上情所携手上海广播电视台共同打造东方卫视《诗书画》“古籍今读”特别节目，连续10天介绍10种古籍精品，向大众普及古籍知识及其蕴含的优秀中华传统文化，让“书写在古籍里的文字都活起来”。其中推介的馆藏北宋刻本《长短经》等文献均属国家一级文物，具有很高的文献价值与艺术欣赏价值。配合栏目播出，上图上情所还举行了配套善本展览，向公众展出难得一见的善本原件，以此增强线上线下联动。

3. 行业发展与区域合作

2018年起，上图上情所连续出版《上海市公共图书馆行业发展年度报告》，科学揭示全市公共图书馆发展现状，此外，还牵头国家文化和旅游部《公共图书馆业务规范第2部分：市级公共图书馆》和《公共图书馆服务规范》的制订修订工作。

2019年，上图上情所联合南京图书馆、浙江图书馆、安徽省图书馆共同编制《长三角城市群公共图书馆发展报告》，全面展示长三角地区公共图书馆发展现状，并于2020年共同向长三角区域三省一市的公共图书馆发出“城市阅读一卡通”倡议书。同年，上图上情所签约加入“长三角公共图书馆智库服务联盟”，助力长三角公共图书馆智库服务成果的共建共享。

4. 国际交流与文化传播

上图上情所的“上海之窗”、上海国际图书馆论坛和竞争情报论坛均已入围“上海文化”品牌项目。其中，“上海之窗”在助力国际文化交流方面更发挥了独特作用。[7] 截至2020年，“上海之窗”已遍布全球6大洲、75个国家和地区的175家图书馆和机构，与“一带一路”沿线50个国家和地区的 94 家图书馆建立合作关系，2016—2020 年间共举办涉外展览 52 场以及“相聚上海”国际读书征文等活动，其中，曾在荷兰鹿特丹图书馆、丹麦多斯基尔图书馆等多个国家和地区举办的“海上繁花—上海图书馆藏近代文献图片展”向世界展示近代上海的人文生活，为外界打开了追寻近代海派文化的一扇窗口。此外，目前在“上海之窗”网站还可阅读约 3 万种电子图书，以及访问“中华家谱”“上海图书馆开放数据”等多个上图上情所的自建数据库。

二 创新案例

在刚刚过去的“十三五”，上图上情所全力实施“智慧”(intelligence)“包容”(inclusiveness)“互联”(interconnection)的“3i”转型战略，以上图东馆建设为契机，加快向大数据时代的全媒体复合型知识中心转型，在图书馆服务、资源建设和业务管理等领域积极探索，不断推陈出新，形成一系列卓有成效的创新实践。以下撷取的三个案例均在由中国图书馆学会公共图书馆分会主办的全国公共图书馆创新创意征集推广活动[8]中荣获最佳创新称号，可谓是相关创新领域内的佼佼者。

（一）案例一：国内首个公共图书馆创客空间——“创·新空间”

发端于世纪之交的欧洲“创客空间”(Maker Space)概念，因与现代图书馆倡导的多元与共享理念相似，逐渐被引入公共图书馆领域。2011 年，“上海文化创意产业信息中心”落户上图上情所。以此为契机，为进一步推动机构转型发展，2013 年 5 月，上图上情所“创·新空间”正式对外开放，标志着“创客空间”首次进入国内公共图书馆领域。

“创·新空间”作为上海市文化创意产业的重要信息窗口，致力于为国内外创客、极客、专业设计者和设计爱好者、创新创业者和机构团体以及广大社会公众，搭建多元主题服务的知识平台和体验创新创意的智能共享空间，提供智慧化、全媒体专业信息服务。

1. 功能布局

“创·新空间”面积约780平方米，共设置五大空间区域，包括阅读空间、培训交流空间、创意设计展示空间、全媒体交流体验空间、产业图书馆，同时具备阅读、教学、休闲、展示、互动及开发创造等多元功能。[9]

（1）阅读空间

阅读空间展出中外文创意类书刊，设置多台高配置一体电脑，读者可检索馆藏信息和使用互联网。还配有单人视听休闲椅，打造私人阅读及休闲空间。在资源配置方面，按照上海市文化创意产业推进领导小组办公室和上海市统计局在2011年9月发布的《上海市文化创意产业分类目录》中明确列出的十大文化创意产业，提供媒体、艺术、工业设计、时尚、建筑设计、网络信息、软件、咨询服务、广告会展及休闲娱乐等专题文献。

（2）培训交流空间

培训交流空间设有多媒体投影设备，提供约50个座席，可举办团体讲座、专题讨论会、头脑风暴等。主要面向个人或社会公益性团体及非营利组织，开展参与性、互动性强的各类中小型信息交流和知识共享活动。

图7-9　阅览空间内景

（图片来源：上图上情所读者服务中心。）

图 7－10　用户在培训交流空间内开展活动

（图片来源：上图上情所读者服务中心。）

（3）创意设计展示空间

创意设计展示空间重点展示设计师作品、创意产品，提供 3D 打印服务，向大众介绍 3D 打印技术。在服务理念方面，将“启智”和“实践”与图书馆服务融合在一起，提供多元创意资源，启发人们的创新精神和创意思维；提供先进的技术工具，协助人们将创意转化为现实。同时，创客们的创意成果可以在空间中得到展示、传播并与人共享。

图 7－11　创意设计展示空间内景

（图片来源：上图上情所读者服务中心。）

（4）全媒体交流体验空间

全媒体交流体验空间内主要提供四种多媒体设施。一是由六幅液晶屏组成的数字画廊，具有动作感应式智能互动展示功能，滚动播放世界名画及设计作品；二是三组数字创意工作台，通过智能桌面触摸屏提供视频、图片转换，为读者小组交流和创意头脑风暴提供多种沟通方式；三是一组大型创意数字展示台，使用20点触控触摸技术，用于展示设计历史、创意作品或进行文件分享；四是数字信息公告屏，即时发布图书馆人流量、资源流通情况、文化活动项目等信息。

图7-12　全媒体交流体验空间内景
（图片来源：上图上情所读者服务中心。）

（5）产业图书馆

产业图书馆原为“专利标准服务空间”，2014年改为“产业图书馆”，其将科技查新、外观设计、实用新型等专利标准文献服务与文创产业服务相融合，提供特色咨询服务，满足更多中小企业用户、SOHO人群对培训空间、共享空间、办公空间的需求。

图 7－13　产业图书馆内景
（图片来源：上图上情所读者服务中心。）

2. 人员配置

“创・新空间”中配置的馆员主要包括四种类型[10]：

服务导航型馆员——服务意识良好、善于沟通且信息导航能力强的工作人员。

学科专业型馆员——具备相关学科背景，熟练掌握信息检索与获取技能，依靠馆藏资源为用户提供专业服务，保证信息服务的准确性和权威性。

技术支持型馆员——具备对新技术的敏感度和洞察力，把握能够用于图书馆服务的新技术工具，积极跟踪技术发展，为创客提供技术支撑，为普通读者普及新技术，并运用新技术改进传统服务和开展新服务。

市场营销型馆员——具备一定的营销知识及公关经验，紧跟用户使用习惯，除了通过门户网站、海报、宣传手册、电子邮件等传统模式开展服务宣传外，加大基于社交平台、即时通讯软件等渠道的营销推广，形成系

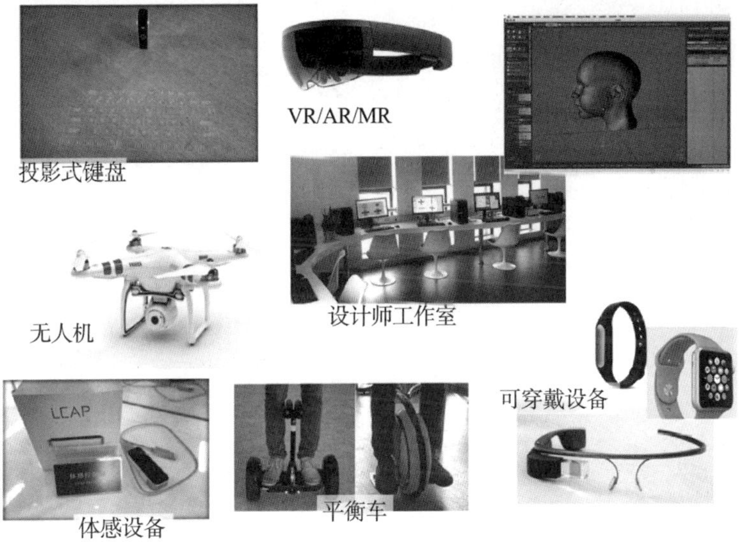

图 7－14　“创・新空间”引入的创新工具
（图片来源：上图上情所读者服务中心。）

统、全面且行之有效的营销策略和手段。

3. 服务成效

“创・新空间”先后与社会创客空间、文化艺术设计与传媒机构、行业协会、艺术学院、杂志社等合作，开展各类创新体验活动。截至 2020 年底，“创・新空间”举办各类活动 750 余场，线下参与人数近 3 万人次。2020 年因受新冠肺炎疫情影响，相关活动改为线上进行，线上直播参与人数超过 15 万人次。来自上海大学的创客团队利用“创・新空间”服务开展“地铁的士”科创项目，其创新设计已申请了中国发明专利，并向德国红点设计奖递交了应征图片。这也是“创・新空间”促进科创成果产业化的有力证据[11]。

“创・新空间”成为公共图书馆服务新动向的消息获得时任文化部部长雒树刚同志的批示。2018 年 3 月，“创・新空间”服务获中国图书馆学会公共图书馆分会主办的第一届公共图书馆创新创意征集推广活动“最

图 7－15　市民读者踊跃参与“创·新空间”各类活动
（图片来源：上图上情所读者服务中心。）

佳创新奖”。“‘创·新空间’：激活创意、知识交流”项目荣获 2014 年上海市公共文化建设创新项目。

（二）案例二：国内首个图书馆开放数据竞赛——上海图书馆开放数据竞赛

上图上情所非常重视开放数据及数字人文研究与服务的创新探索。为了更好发挥两个领域的研究成果，拓展馆藏数据资源的开发利用，2016 年上图上情所将两者相结合，推出国内图书馆界首个开放数据竞赛，面向全社会征集以上图上情所数字人文平台数据为基础的优秀移动应用产品原型或服务创意，以期最大程度地挖掘数据背后的应用潜力。竞赛主要以开放的历史人文数据为基础，使用数量和使用方式不作限制，尤其欢迎与竞赛以外的开放数据融合，或与其他机构提供的数据服务进行整合。[12]

截至 2020 年，开放数据竞赛已成功举办五届。历届竞赛均与多家面向知识创新的企业和机构合作。2020年第五届竞赛全面升级为国际赛事，国际科学技术信息理事会（International Council for Scientific and Technical Information）参与联合主办。该届竞赛的开放数据内容来自上图上情所、大学数字图书馆国际合作计划（CADAL）项目管理中心、中国历代人物传记资料库（CBDB）、复旦大学图书馆、广州搜韵文化发展有限公司、《全国报刊索引》编辑部。[13]

1. 项目特点

竞赛提供的开放数据价值高、质量好、开放度高。开放数据平台由上图上情所独立设计开发，并提供平台所需的技术、管理和数据资源，该平台为综合性平台，依托于多个自建数据库，各数据库既相互独立，又统一于开放数据平台上。[14]

图7-16　上图上情所开放数据平台

（图片来源：http://data.library.sh.cn/index。）

同时，项目形成竞赛、培训、展览、分享“四位一体”的开放数据服务及推广模式。借鉴国内外经验，通过举办竞赛提供开放数据服务，在报名结束后开展专业培训，在竞赛结束后举办竞赛展览和读者分享会，展示和分享各参赛团队的创意，与观众进行互动探讨。此外，竞赛还凝聚了一批数据创客团队，在五届竞赛中，有十多个团队曾数次参与。

图 7－17　开放数据竞赛专业培训会
（图片来源：文化和旅游研究上海图书馆基地。）

图 7－18　开放数据竞赛优秀作品展
（图片来源：文化和旅游研究上海图书馆基地。）

在宣传手段上，竞赛通过上图上情所、文化和旅游研究上海图书馆基地的官网、微博、微信等发布公告，并通过上海市中心图书馆在全市各高校图书馆、区县公共图书馆官网发布公告，放置宣传材料，同时在主要传媒上发布新闻。搭建竞赛网站，发布相关信息，提供资料下载，展示获奖作品等。邀请文化、图情、信息化、计算机、档案、媒体等各领域专家，对竞赛作品进行评审。奖项包括一等奖、二等奖、入围奖等。2017 年增设微信投票平台，由大众进行投票，选出最佳人气奖和人气奖。2020 年新增最佳创意奖和最佳设计奖。以 2020 年为例，设一等奖 1 名，奖金 10 万元人民币；二等奖 2 名，奖金各 5 万元人民币；最佳创意奖和最佳设计奖各 1 名，奖金各 2 万元人民币；优胜奖 5 名，奖金各 1 万元人民币。

2. 项目成效

开放数据竞赛举办五届以来，共吸引国内外约 580 个团队近 1 600 人次参与。参赛者包括计算机、情报学、金融统计、地理信息、城市设计、数学、艺术等专业的本科生和研究生，2018 年首次有初中生组队参赛；非在校生参赛者包括 IT 人员、图情工作者、研究人员、设计师、教师、自由职业者等。参赛者利用竞赛平台，结识了一批志同道合的伙伴，通过探讨各自的创意想法，有效开拓了思路和视野。

目前，开放数据竞赛已在国际上享有一定声誉。2017 年 4 月，第 14 届国际图联（IFLA）国际营销奖揭晓，上海图书馆开放数据竞赛从全球 11 个国家和地区的 65 个申报作品中脱颖而出，获得第二名的好成绩，上图上情所亦成为该奖自 2001 年运作以来国内首次进入前三名的公共图书馆。同年，竞赛数据支撑平台“数字人文知识库服务平台”入围“图档博关联开放数据高峰论坛”（LODLAM）2017 国际竞赛前五名。2018 年 3 月，开放数据竞赛获中国图书馆学会公共图书馆分会主办的第一届公共图书馆创新创意征集推广活动“最佳青年创新奖”。2020 年，开放数据竞赛加入由上海市经济和信息化委员会主办的上海开放数据创新应用大赛（SODA）开放数据赛事联盟，和 SODA 在数据共通、赛程共融、导师共享、宣传共鸣和服务共建等五个方面开展具体合作，发挥赛事联盟的联动效应，增强开放数据的社会影响力，引导社会大众对开放数据的价值挖掘和创新应用。①

（三）案例三：推进科学管理，实现优化协同高效——上海图书馆业务绩效统计 APP

“上海图书馆业务绩效统计 APP”项目的落地实施涉及两方面需求。一方面，上图上情所业务范围广泛，各类业务数据量大繁杂且来源分散，绩效统计难度较大；另一方面，上图上情所作为“市级预算主管”单位，管理层对项目预算执行情况以及项目绩效完成情况等必须随时了如指掌。上述需求促使“上海图书馆业务绩效统计 APP”应运而生。该项目由上图上情所委托第三方开发，于 2016 年正式上线运行，可为管理层提供决策支持，协助其通过智能手机等移动设备，实时、精准且权威地把握上图上情所乃至上海市中心图书馆的整体业务绩效状况，并在此基础上及时调整业务进度和工作方向。

“上海图书馆业务绩效统计 APP”包含 iOS 版及安卓版，其以上图上情所原有的办公自动化（OA）业务统计数据库为基础，动态显示近五年内上图上情所及上海市中心图书馆各项业务模块的发展情况。用户在联网的智能手机上安装了 APP 后，通过简洁且易于操作的界面，即可从根本上解决以往离开办公室就无法查看统计数据、不询问相关业务部门就无法掌握所需数据的难题。

1. 内容模块

“上海图书馆业务绩效统计 APP”共设置读者服务、藏书建设、资源建设、研究咨询、人财物等五个业务模块。

（1）读者服务模块

读者服务模块包含读者证、读者到馆人数、图书流通量、读者活动、数

① 相关内容来源于文化和旅游研究上海图书馆基地开放数据竞赛 2018—2020 年度工作总结。

字化服务、文献提供等六个模块，其统计范围是五个模块中最大的。其中，读者证子模块可查询上图上情所读者证及上海市中心图书馆“一卡通”读者证的实时持证人数，“一卡通”读者证包括成人“一卡通”读者证及少儿“一卡通”读者证。读者到馆人数可查询当日实时到馆人数及当年实时累计到馆人数，还可细致到各楼层读者人数。图书流通量可查询上图上情所及上海市中心图书馆的书刊流通数据。读者活动可查询开展活动的场次和参与人次以及展览、培训等活动数据。数字化服务可查询网站访问量、社交平台与 APP 使用量、数字资源使用量等。文献提供则可查询馆际互借和原文传递等业务数据。

（2）藏书建设模块

藏书建设模块包含总藏量、文献采集、文献入藏等三个子模块。可查询近 5 年内的实体资源和数字资源的采集及入藏数据等。

（3）资源建设模块

资源建设模块包含总量、书目文摘、全文文献、多媒体等四个子模块。可查询上图上情所自建的各类型数据库种数、数据存储量等实时数据。

（4）研究咨询模块

研究咨询模块包含简报、课题研究、科技查新等三个子模块。可查询上图上情所完成的内参简报、课题研究成果、科技查新项目等实时数据。

（5）人财物模块

人财物模块包含人、财、物等三个子模块。可查询上图上情所人力资源、预算执行、国有资产等与人、财、物有关的实时数据。

2. 项目成效

“上海图书馆业务绩效统计 APP”上线后，上图上情所已有 60 多位管理人员安装使用。作为一款移动应用程序，其具有简洁易用的特性，将原本枯燥的业务数据通过可视化图像设计，生动直观地揭示出来，用户可以随时随地轻松使用，快速获取所需的实时统计数据，有效打通了各业务部门之间的信息沟通渠道，极大地提高了工作效率。

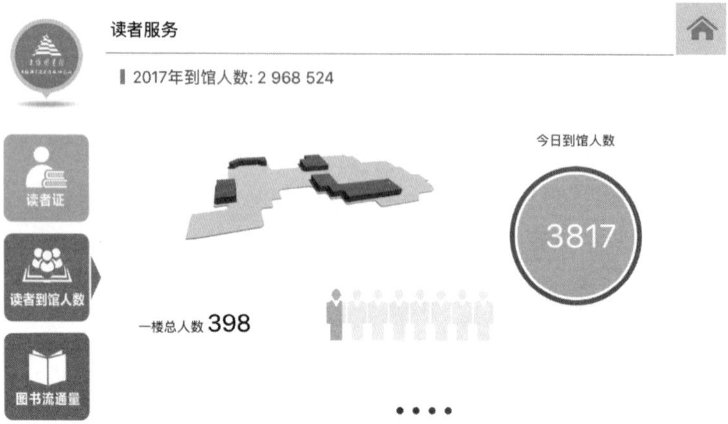

图 7－19 “上海图书馆业务绩效统计 APP”读者服务模块界面

（图片来源：上图上情所业务处。）

“上海图书馆业务绩效统计 APP”是一种高效协同的辅助管理手段，保障上图上情所的业务绩效得到即时统一的公开和科学规范的管理，以支撑图书馆中各类资源的合理分配和利用，并使其发挥最大效用。

2018 年 3 月，“上海图书馆业务绩效统计 APP”在中国图书馆学会公共图书馆分会主办的第一届公共图书馆创新创意征集推广活动中，获得“最佳创新奖”。①

三 “十四五”发展规划简介[15]

“十四五”期间，上图上情所将以上图东馆全面建成和良好运行为抓手，持续实施“智慧”（intelligence）、“包容”（inclusiveness）、“互联”（interconnection）的“3i”转型战略，加快构建新发展格局，即馆舍功能呈现新格局、馆藏建设打造新特色、图情服务塑造新优势、事业管理追求新境界。

① 相关内容来源于上图上情所业务处 2016、2020 年度工作总结。

到“十四五”末，全面建成世界级城市图书馆，并初步建成与具有世界影响力的社会主义现代化国际大都市匹配的现代图情服务体系。

（一）主要任务及重点工作

“十四五”期间的具体任务及重点工作包括党的建设、精神文明建设、建筑功能布局、专业服务供给、科技智库建设、资源建设、智慧图书馆建设、文化交流合作、科学管理等九大领域。

1. 全面加强党的领导和党的建设，贯彻发展改革全过程

增强“四个意识”、坚定“四个自信”、坚决做到“两个维护”，更好发挥党总揽全局、协调各方作用，全面推进党的建设，健全党的领导体制机制，深入做好改革创新工作。包括：积极构建党的基层组织领导工作体系；持续加强党的政治建设和意识形态建设；深化新形势下党支部建设。

2. 培育弘扬社会主义核心价值观，持续深化精神文明建设

坚持以社会主义核心价值观引领文化建设，加强社会主义精神文明建设，在弘扬社会主义核心价值观和中华优秀传统文化上持续用力、不断深化，紧紧围绕上图上情所新一轮发展出实招、求实效。包括：大力培育弘扬社会主义核心价值观；不断提升精神文明建设水平；积极弘扬中华优秀传统文化。

3. 打造“一体两翼、一江两岸”格局，助推公共服务再升级

全面建成上图东馆，统筹推进馆舍升级、功能布局以及主题图书馆建设，打造“一体两翼、一江两岸”服务格局，为上海现代公共文化服务体系建设做出新贡献。包括：上图东馆2021年建成试运行；推进馆舍功能定位及分步升级改造；建设包容赋能的公共图书馆体系；形成智慧融合的公共阅读服务。

4. 知识赋能精准转型，专业服务拓开新局

以“专业性公共阅读的有效供给、开放性创新体系的有机组成、战略

性决策参考的有力支撑”为价值坐标，创新专业服务模式，进一步提升专业服务效能。包括：重构专业服务公共空间；打造互联网融合服务实体；重塑通达用户的文献服务链；提高舆情剪报研究服务能力；强化馆藏历史文献研究与服务。

5. 聚焦重点领域，基本形成新型公共科技智库框架

围绕上海强化科技创新策源功能，以上海市重点智库建设为引领，聚焦国际科技前沿、新兴产业和国际大都市三大方向，基本形成新型公共科技智库框架，服务政府决策和企业创新的情报支撑和咨询服务能力显著提升。包括：基本形成新型公共科技智库框架；决策咨询服务重大战略和重点领域；内参简报提升服务高层领导影响力；技术竞争情报深化企业创新服务深度；打造科技情报特色科普品牌。

6. 强化资源建设与管理，建设多元资源保障体系

立足馆藏特色和建设重点，促进多载体资源融合发展，形成与“五大中心”“三大文化”品牌相适应，满足上图上情所“三个面向”知识服务，面向长三角、辐射全国的多元文献资源保障体系。包括：完善资源建设政策；优化资源配置流程；推进数字资源建设；加强特色馆藏建设；注重资源共建共享；深化专业典藏工作。

7. 建成新一代集成管理系统，加速智慧图书馆建设

加快推进数字化网络化智能化建设，积极应用现代信息技术优化业务格局、创新管理手段，建成新一代集成管理系统，推进资源共建共享和线上线下智慧服务。包括：建设完善上图东馆信息化工程；建成新一代集成管理系统及生态社区；夯实信息化基础平台建设；深化数字资源保存与数据服务；建设历史人文大数据平台。

8. 注重国内外战略链接，引领文化交流与合作

服务浦东高水平改革开放和五大新城建设，持续扩大境内外合作“朋友圈”，积极构建上海市中心图书馆、长三角区域图情机构和“上海之窗”三个扇面的服务体系，加速推进“一体化”与“高质量”。包括：强化上海市

中心图书馆体系建设；推进长三角区域图情服务高质量发展；注重区域联动、文旅融合发展；深化国际文化交流合作。

9. 深化图情科学管理，推动治理体系和治理能力现代化

稳步推进事业单位分类改革、法人治理结构改革、分配制度改革等，进一步健全组织管理体系、夯实人才队伍建设、优化国有资产管理，提质增效，推动治理体系和治理能力现代化。包括：推动现代图情业务管理；深化法人治理结构；优化人力资源结构；提质升级后勤管理工作；健全公共卫生应急管理。

（二）2035年远景目标

上图上情所将在“十四五”发展基础上，再奋斗十年，全面形成面向公众、面向专业和面向决策的现代图情服务体系，成为保存知识、获取知识、创造知识的重要场所，为上海基本建成具有世界影响力的社会主义现代化国际大都市，成为具有全球影响力的长三角世界级城市群的核心引领城市作出新的更大贡献。

上图上情所将具体着眼于五个方面：一是独特多元的资源新价值。馆藏文化遗产和珍贵藏品得到妥善收藏、保存、加工、开发和共建共享，且高度开放，方便公众获取和利用，实现可持续、高质量发展。二是智慧驱动的运行新系统。提升智慧技术支撑机构平稳运行和突发事件处置的机制和能力；普及智能化管理与智慧化服务模式，全面建成新时代智慧图书馆。三是开放包容的服务新体验。全面建成现代公共服务体系，馆舍布局科学合理；个性化主题服务具有较大影响力；创新线上线下互融共生的服务模式；助力公众多元素养及创造力提升。四是持续创新的项目新品牌。形成一系列独具特色、可持续发展的品牌项目；为每一位读者创造独特且有价值的服务内容；建成国内领先的公共科技智库。五是跨界融合的合作新体系。浦东花木科技文化服务圈基本实现国内领先、具有一定国际影响力的建设目标；上海市中心图书馆实现覆盖全面、运行高效、布

局合理；长三角图情服务实现高质量一体化发展；全球文化交流合作广泛深入。

（编写：曲蕴、姚馨）

参考文献：

［1］上海图书馆（上海科学技术情报研究所）. 上海图书馆（上海科学技术情报研究所）简介[EB/OL]. [2021－04－19]. https://library.sh.cn/#/index/notice?id=aboutus.

［2］上海图书馆（上海科学技术情报研究所）. 上海图书馆（上海科学技术情报研究所）2020 年报[EB/OL]. [2021－11－10]. https://www.library.sh.cn/img/2021/nb2020.pdf.

［3］上海图书馆，上海市图书馆行业协会.《上海市公共图书馆行业发展报告 2019》[M]. 上海：上海科学技术文献出版社，2019：55－58.

［4］腾讯. 全国首个网络文学专藏库设立　阅文集团与上海图书馆达成战略合作[EB/OL]. [2021－04－19]. https://tech.qq.com/a/20190828/006519.htm.

［5］崇明区图书馆. 上海市中心图书馆"一卡通"流通政策调整[EB/OL]. [2021－04－19]. https://www.163.com/dy/article/FP3J0DH70514TCHI.html.

［6］上海图书馆（上海科学技术情报研究所）. 不约而用：上图电子资源不必预约进馆就能用！[EB/OL]. [2021－04－19]. https://mp.weixin.qq.com/s/tGqR_iKaMFA-Su8GyZKGPQ.

［7］上海图书馆（上海科学技术情报研究所）."上海之窗"概况[EB/OL]. [2021－04－19]. http://windowofshanghai.library.sh.cn/profile/10.

［8］中国图书馆学会公共图书馆分会. 中国图书馆学会公共图书馆分会关于公布第一届公共图书馆创新创意征集推广活动获奖名单的通知[EB/OL].（2018－03－22）[2021－02－08]. http://www.lsc.org.cn/uploadFiles/2018/03/27/20180327155810_563.pdf.

［9］曲蕴. 公共图书馆"创客空间"实践探索——以上海图书馆"创·新空间"为例[J]. 新世纪图书馆，2014(10)：42－44.

［10］上海科学技术情报研究所. 情报的初心　纪念上海科学技术情报研究所成立 60 周年[M]. 上海：上海科学技术文献出版社，2018.11.

［11］施晨露. 上图"创·新空间"吸引创客扎根　促进科创成果产业化[EB/OL].（2015－03－12）[2021－02－07]. http://shzw.eastday.com/shzw/G/20150312/u1ai146090.html.

［12］张磊，夏翠娟. 面向数字人文的图书馆开放数据服务研究——以上海图书馆开放数据应用开发竞赛为例[J]. 图书馆杂志，2018(3)：33－38，48.

[13] 上海图书馆(上海科学技术情报研究所). 2020 上海图书馆开放数据竞赛公告[EB/OL]. (2020-04-23)[2021-02-08]. https://library.sh.cn/#/index/newsBulletin/newsDetails? news=837.
[14] 钱思晨,岑炅莲,张宇. 高校图书馆和公共图书馆开放数据服务比较研究——以北京大学图书馆和上海图书馆为例[J]. 图书馆研究与工作,2019(5): 5-10.
[15] 陈超,马春. 上海图书馆(上海科学技术情报研究所)"十四五"发展规划纲要[J]. 数字图书馆论坛,2021(5): 37-44.

上海科学技术文献出版社图情新书介绍

《上海市公共图书馆行业发展报告(2020)》

上海图书馆　上海市图书馆行业协会　编

定价:168.00 元

ISBN:978-7-5439-8483-7

本书通过翔实的基础数据和创新案例全面展现了上海市公共图书馆建设的现状,以期为各级相关主管部门制定政策、指导工作提供借鉴,为各级公共图书馆科学决策提供依据,为业界专家及图书馆馆员开展行业研究提供基础,为改善服务、满足读者需求提供参照,为广大市民了解本市公共图书馆的运行情况和事业发展提供渠道和窗口。本报告从 2018 年开始,出版了《上海市公共图书馆行业发展报告(2017)》,此后每年一册。

《大都市公共图书馆:国际经验与上海特色》

曲　蕴　王晓樱　施　雯　黄　吉　姚　馨　著

定价:58.00 元

ISBN:978-7-5439-8482-0

本书分层次比较全球图书馆事业发展趋势,全面调研纽约、巴黎、伦敦、东京等国际大都市公共图书馆体系的建设经验,探讨北欧城市图书馆高质量发展的核心要素,并总结上海图书馆(上海科学技术情报研究所)的建设现状和战略前进方向,为公共图书馆未来发展提供有益借鉴。

即将出版

《图书馆新媒体服务建设与应用》

孙　宇　杨　佳　赵　亮　著

近年来,图书馆界的新媒体服务取得了丰富的建设成果,新媒体技术的应用普及不仅有利于图书馆的宣传推广服务,同时也使图书馆面对着全新的资源建设与服务的需求。本书探讨了新媒体的基本概念、种类特性、服务技术、应用案例和发展趋势等热点话题,对于图书馆新媒体建设和发展具有重要借鉴和指导意义。